국내 최초
확실한 교정으로
바꿔 놓는 글씨교정틀
발명특허 획득!!!

악필글씨교정노트의 특허기술

1. 누구나 쉽게 악필을 바로잡는
특허기술의 글씨교정선틀

누구나 쉽게 악필을 바로잡는 초·중·고 및 성인용교재 글씨교정선틀의 신개념 교정기법

2. 과학적인 글자 짜임새
특허기술의 글씨교정선틀

쓰면서 악필을 바로 잡고 한자의 위치 및 크기를 일정하게 습득하고 한자의 짜임새와 모양을 빠른 한자교정으로 만들어 주는 과학적인 한자교정선틀 기법

3. 문장교정의 실전필기체
특허기술의 특수교정기법

처음부터 체계화된 한자교정기법의 한자교정선틀에서 교정하여 한자교정이 끝나면 습관화된 한자교정기법의 실전필기체로 바로 적용하는 한자교정의 특수교정기법

4. 쓰기 쉬운 경사각도
특허기술의 빠른 글씨체기법

유명서체에서 찾아낸 쓰기 쉬운 경사각도로 빠른 속도의 한자쓰기와 자기만의 독특하고 개성있는 멋진 한자필기체로 쉽게 체험성공으로 완성하는 빠른 실전글씨체 기법

악필글씨교정노트의 원리 학습법

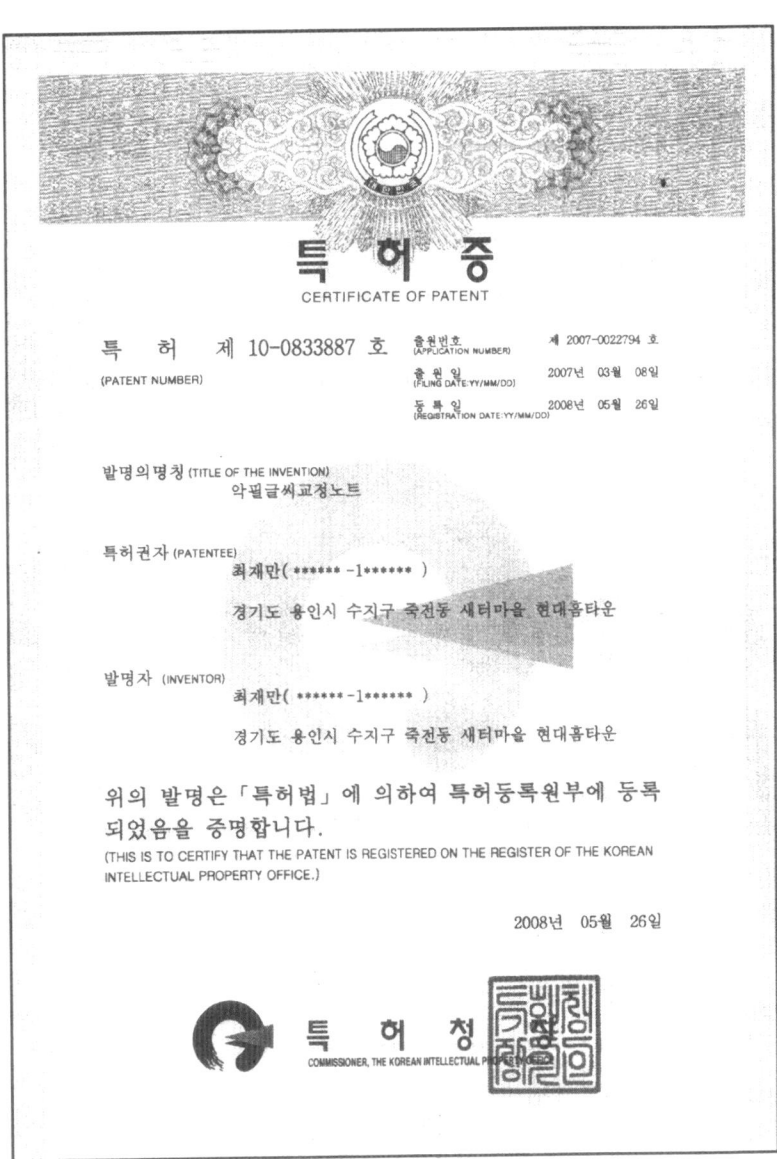

체험성공 교정후기
(한글 악필글씨교정노트 사용)

서경애 (여 주부)
악필글씨교정노트의 글씨교정은 내 생애, 모든 일에 자신감을 얻은 것 같습니다. 아직 미흡한 점이 있지만 좀 더 노력해서 더욱 예쁜 필체로 바뀌어서 생활하고 싶고, 저처럼 악필로 고생하는 분을 만나면 강력히 추천해 드리고 싶은 교재입니다. 감사합니다.

이동호 (남 고시준비생)
언제나 누군가의 앞에서 글씨를 쓴다는 자체가 부끄러운 일이었지만 이 교정노트를 통해 자신감을 얻게 되었고 고시를 준비하는데 "든든한 버팀목이 될 것이다."라는 확신을 얻었다. 글씨교정의 바이블!!

김삼원 (남 회사원)
교정노트의 글씨교정선틀에서 글씨를 교정한 제 글씨체가 제가 봐도 놀라울 정도로 변해가고 있습니다. 조금만 더 교정을 하면 만족할 만한 수준에 올라올 것 같습니다. 모두 선생님의 지도편달 덕분입니다. 게시판의 글을 날마다 하나도 빼지 않고 보고 있습니다. 많은 도움이 되더군요……

곽성근 (남 기술사준비생)
교재를 마치면서……. 제가 내년도 기술사 시험에 대비하여 글씨교정에 마음먹고 시작한 지가 거의 3개월이 되었습니다. 그간 거의 매일 두 시간 정도 연습하다 보니 손이 아플 때도 있었지만, 지금은 감이 잡히고 깔끔한 글씨체가 나와 매우 기쁘고 행복합니다. 정말 그간 맛보지 못한 글씨체를 쓰고 있습니다. 그동안 친절하고 세세하고 열정적인 지도에 감사드리며 더욱 번창하시기 바랍니다.

김선정 (여 강사)
단순하게 따라 쓰는 거 누구나 할 수 있는 일이라 쉽게 생각했는데 결코 쉬운 일은 아니라는 것을 알게 되었습니다. 두 권의 책을 정성들여 쓰고 나니 마음도 뿌듯하지만 그보다 더 나 자신과의 싸움에서 이겼다는 생각이 듭니다. 교정선틀에 맞춰 며칠 쓰다 보니 신기하게도 교정선틀이 머릿속에서 그려졌습니다. 꾸준히 반복 반복을 하다 보니 어느새 글씨교정선틀 모양에 글을 써 넣으려고 하고 있더라고요……. 교재를 써가면서 글자 하나하나에 정성을 들일 줄 알게 되었고 정확한 받침을 쓰는 안정된 글씨를 쓰게 되어 무엇보다 글씨체의 필력이 생겼습니다.

김현경 (여 초등교사)
신기한 글씨교정선틀 덕분에 하루가 다르게 글씨가 좋아지고 있습니다. 초등학교 첫 담임을 하면서 칠판 글씨에 부담을 느껴 강의를 듣게 되었는데, 지금은 다른 선생님들께서 글씨를 잘 쓴다면서 칭찬해주실 정도입니다. ^-^

김종석 (남 고시준비생)
누구나 처음 시작은 똑같은 마음 아닐까 싶네요. 과연 글씨체가 변할 수 있을까? 저 역시 반신반의하면서 바른글씨교재를 시작했습니다. 다른 곳보다 교재가 과학적으로 보여서 선택했죠. 1,2권 정해진 분량만큼 3개월을 꾸준히 1~2시간씩 연습했는데 확실히 악필 글씨체가 교정되는데 효과가 있었습니다. 다만 아직까지는 논술문 작성 시 시간에 쫓기다보니 예전 글씨로 회귀하는 현상도 있지만 이건 연습만이 해결해줄 수 있는 문제이니 열심히 연습해서 저의 글씨체로 확실히 자리 잡도록 해야겠네요. 결론적으로 많은 도움 받았습니다. ^^

정성숙 (여 초등교사)
올해 저의 학교 중점 교육 사업을 전교생 악필교정으로 정했답니다. 이렇게 어느 한 분야를 집중적으로 연구한 전문인이 있다는 사실이 우리를 기쁘게 하네요. 귀사의 무궁한 발전을 기원합니다.

조홍석 (남 기술사준비생)
글씨교정연습을 시작한지 벌써 12주차가 되었습니다. 그 동안 글씨교정연습한 노트를 1주차부터 12주차까지 보았습니다. 정말 많이 향상되었더군요. 글씨 연습할 때는 '왜 이렇게 안 될까?' 하고 항상 스스로 불만스러웠는데……. 지금 생각해 보면 정말 탁월한 선택이었던 것 같습니다. 매우 체계화된 교재와 선생님의 매우 성의 있는 첨삭지도 덕분에 이렇게 짧은 기간에 글씨교정이 가능했던 것 같습니다. 항상 글씨에 자신감이 없었고, 가술자격 시험을 대비하는 과정에서 글씨에 대한 고민이 많았는데, 이 모든 문제를 해결하는데 가능하게 해주신 최재만 선생님께 진심으로 감사드립니다. 항상 건강하시고 사업이 번창하시길 기원 드립니다.

양선숙 (여 중학교사)
많은 학생들이 악필교정노트의 글씨체에 흥미와 자신감을 먼저 가진 것 같습니다. 너무나 감사드리며 악필글씨교정노트는 글씨교정선틀 자체가 효율적이고 글자의 비율에 맞게 균형 있는 글자를 쓰게 되어 있어 학생들에게 체계적인 글씨교정이 될 수 있도록 만든 교재로 학생들이 글씨에 자신감을 갖고 쓸 수 있어서 좋은 교재였습니다.

진양숙 (여 주부)
평생의 약점이었던 글씨가 악필글씨교정노트를 접하고 나서는 자랑거리로 바뀌고 있답니다. 저처럼 글씨로 평생을 고민하시는 분들은 주저하지 마시고 바른글씨의 글씨교정선틀에서 쓰는 교재를 꼭 권해드립니다. 절대로 후회하지 않으실 거예요. 또한 옆에서 관심으로 격려해 주신 선생님께 감사드립니다.

이성근 (남 회사원)
글씨로 엄청난 스트레스를 받고 있던 중에 바른글씨의 악필글씨교정노트와 선생님을 만나 글씨교정에 정말 많은 도움과 자신감으로 이제는 은행이나 관공서에서 글씨를 쓰게 되도 남들 앞에 자신 있게 글씨를 씁니다. 이렇게 자신 있는 글씨체는 선생님의 교정첨삭 지도가 저의 잘못된 부분을 하나하나 지적해 주신 덕분이며 항상 고맙게 생각하고 있습니다. 선생님의 끝없는 관심이 저에게 너무나 큰 힘이 되었습니다. 항상 바른글씨의 번창을 기원합니다.

머리말

글씨는 곧 그 사람의 인격입니다.

글씨는 전인적 인격 수양의 지름길로 여겨져 왔으며 사람됨의 주요 요소를 신언서판 (身言書判)이라 하여 몸과 언행, 글씨와 판단력으로 구별하였다. 글씨가 그 만큼 인격 완성에 있어 중요하다는 것이다.
그러나 오늘날 학교에서 조차 글씨 공부를 소홀하게 취급하면서 인성과 인격을 키워 주지 못할 뿐만 아니라 학습증진에도 도움을 주지 못하고 있다는 생각이다. 특히 요즘은 어릴 적부터 연필이나 펜보다는 키보드를 먼저 배울 만큼 컴퓨터 사용이 일반화 되면서 악필은 더욱 늘고 있는 실정이다.
그 동안 악필교정은 문장을 보고 빈 칸에 그대로 베껴 쓰는 반복연습 방식으로 하다보니 글씨체의 크기가 일정하지 않고 자음과 모음의 크기도 제대로 습득되지 못했다. 게다가 맹목적으로 따라서 쓰다보니 글씨체가 흉하게 변형되고, 교정이 잘 되지 않아 다시 흉한 글씨체로 되돌아가는 악순환이었다.

필자는 이미 국내 최초로 악필을 바로 잡는 글씨교정선틀을 개발하여 독자들로부터 교정효과 및 체험성공 만족도 1위를 차지하고 있다. 필자가 개발한 글씨교정선틀이 만족도 1위를 고수하고 있는 것은 오랜 경험과 실증 경험을 바탕으로 했기 때문이다. 오직 악필로 고생하는 독자들을 위해 악필교정만큼은 반드시 잡겠다는 신념의 결과이기도 하다. 글씨교정선틀은 많은 시행착오 끝에 기계학적으로 글자의 비율을 찾아 배우기 쉽도록 했고, 자음과 모음의 일관성 있는 크기와 균형 있는 짜임새, 빠른 속도감까지 갖춘 교재다. 특히 한글뿐만 아니라 한자, 영어, 문장 교정도 글씨교정선틀에서 배울 수 있도록 만든 교정 교재로 모두 특허청 발명 특허 등록이 되어있다.
글씨교정체는 여러 가지의 글씨교정선틀을 만들고 교정선틀에서 수천 번의 글씨를 써보고 수정해 체계화하여 초등학교 대상 실험으로 검증하여 만들어진 혼이 담긴 땀방울이다. 글씨교정선틀을 사용해서 흉한 글씨체와 흐트러진 글씨를 바로 잡고, 쓰면서 글씨 교정이 습관화가 되어 악필이 자연스럽게 교정되도록 만들어졌다.
필자는 악필글씨교정노트로 글씨교정이 되고 자신감까지 얻을 수 있기를 바라는 마음으로 글씨교정선틀에서 악필을 바로잡는 '악필교정의 정석'을 출간한데 이어 특허 받은 '한자쓰기교정의 정석'을 출간하게 되었다.

글씨교정은 절대로 하루아침에 이루어지 않는다.
본 교재의 글씨교정선틀에서 평소 꾸준한 연습으로 바른 습관이 되고 멋진 필기체와 더불어 악필교정이 꼭 이뤄지길 바라마지 않는다.

이 책의 출판을 흔쾌히 허락한 법률저널 공병익 대표이사님, 이를 위해 수고를 아끼지 않으신 이상연 편집국장님, 책이 돋보이게 만들어주신 편집담당자 이하 관계 직원 여러분에게 감사를 드린다.

용인사무실에서
최재만 드림

필기구 선택

- **초등·중등** : 저학년 – 반드시 HB연필 사용
  고학년 – HB연필이나 샤프 0.7~0.9mm 사용
- **논술생 및 성인** : 연필이나 샤프 0.7~0.9mm 사용(문장교정시 0.5mm 사용)
  중성펜은 0.4~0.5mm 사용
  볼펜은 0.5~0.7mm 사용
  (필기구 선택은 현재 논술형 시험대비나 업무에서 현재 사용하고 있는 필기구로 글씨교정을 하는 것이 글씨교정과 연관성이 있어 교정습관이 제대로 되어 효율적인 글씨교정을 할 수 있으며 필기구의 심은 0.4~0.5mm 정도가 좋습니다.)

목 차

한자교정평가 기록표	5	부록 한자 약자 연습	117
올바른 글씨 교정법	6	한글악필교정 맛보기 연습용	126
올바른 필기구 잡는법	7	시험에 잘 나오는 고사숙어	130
경사차트체란	8	정자한자 기본연습	137
특허받은 교정선틀의 원리	9	숫자교정연습	138
특허한자교정선틀의 사용 견본	10	한자쓰기연습장	152
특허한자교정선틀의 사용 방법	11		
특허한자차트체의 기본 선긋기 방법	12	사용후기 엽서	
부수 일람표	13		
부수의 위치상 구분	15		
중심부수의 필순	16		
9주	19		
준3급 한자교정연습	21		
9주 글씨교정평가 보내기	41		
10주	43		
준3급 한자교정연습	45		
10주 글씨교정평가 보내기	65		
11주	67		
3급 한자교정연습	69		
11주 글씨교정평가 보내기	89		
12주	91		
3급 한자교정연습	93		
12주 글씨교정평가 보내기	115		

한자교정평가 기록표

▶ 매일 한자교정 후 기록표에 직접 체크하세요.(초등학생은 부모님이 직접 확인)
▶ 매일 실천한 내용을 해당 날짜에 표시를 합시다.

도전회분		날짜			교정시간					확인
9주	도전 49회	월	일	요일	□10분	□15분	□20분	□기타	분	
	도전 50회	월	일	요일	□10분	□15분	□20분	□기타	분	
	도전 51회	월	일	요일	□10분	□15분	□20분	□기타	분	
	도전 52회	월	일	요일	□10분	□15분	□20분	□기타	분	
	도전 53회	월	일	요일	□10분	□15분	□20분	□기타	분	
	도전 54회	9주 한자교정평가 보내기								
10주	도전 55회	월	일	요일	□10분	□15분	□20분	□기타	분	
	도전 56회	월	일	요일	□10분	□15분	□20분	□기타	분	
	도전 57회	월	일	요일	□10분	□15분	□20분	□기타	분	
	도전 58회	월	일	요일	□10분	□15분	□20분	□기타	분	
	도전 59회	월	일	요일	□10분	□15분	□20분	□기타	분	
	도전 60회	10주 한자교정평가 보내기								
11주	도전 61회	월	일	요일	□10분	□15분	□20분	□기타	분	
	도전 62회	월	일	요일	□10분	□15분	□20분	□기타	분	
	도전 63회	월	일	요일	□10분	□15분	□20분	□기타	분	
	도전 64회	월	일	요일	□10분	□15분	□20분	□기타	분	
	도전 65회	월	일	요일	□10분	□15분	□20분	□기타	분	
	도전 66회	11주 한자교정평가 보내기								
12주	도전 67회	월	일	요일	□10분	□15분	□20분	□기타	분	
	도전 68회	월	일	요일	□10분	□15분	□20분	□기타	분	
	도전 69회	월	일	요일	□10분	□15분	□20분	□기타	분	
	도전 70회	월	일	요일	□10분	□15분	□20분	□기타	분	
	도전 71회	월	일	요일	□10분	□15분	□20분	□기타	분	
	도전 72회	12주 한자교정평가 보내기								

올바른 글씨 교정법

1 바른 자세로 한다.

바른 자세는 글씨 교정의 종합적인 내용을 포함하는 글씨 교정의 기본입니다. 바른 자세는 척추의 변형 방지와 몸의 피로를 쉽게 풀 수 있으며 안정된 자세에서 맑은 정신으로 글씨를 쓰기 때문에 한결 더 쉽게 빠른 글씨 교정을 할 수 있습니다.
앉은 자세에서 책상이나 의자가 자기의 신체에 맞는지 꼭 확인하고 바른 자세로 앉았을 때 팔꿈치를 책상과 비슷하게 하고 아래로 처지지 않도록 하여야 좋습니다. 허리를 펴고 엉덩이가 완전히 의자등받이에 밀착된 상태에서 무릎을 직각으로 구부리고 앉은 자세를 하면 됩니다.

2 올바른 필기구 잡는 방법을 습득한다.

필기구를 소홀히 다루는 것은 악필을 조장하는 근본적인 원인입니다.
올바른 필기구 교정은 주먹을 가볍게 쥐고 필기구를 50~70도 정도로 기울기를 주며 엄지와 검지를 마주보게 잡고서 둥근 모양으로 하고 2~3센티미터 정도의 위치에 필기구를 잡습니다. 엄지의 첫마디와 검지의 둘째 마디를 꺾어서 안쪽으로 힘을 주면 정확한 필기구 교정이 되며 셋째 손가락의 첫마디에 필기구를 받쳐주고 엄지와 검지로 필기구를 눌러주면 됩니다. 새끼손가락의 아랫부분이 모두 노트 지면에 닿으면 안정적인 필기구 자세가 됩니다.
글씨를 쓸 때에는 처음부터 끝까지 일정한 힘으로 쓰며 손목이 좌, 우로 꺾이지 않도록 한다.

3 글씨교정의 기본은 정성과 반복연습이다.

악필 교정의 기본 원칙은 글자를 한자씩 또박또박 쓰는 정성과 반복 또 반복학습에 있으며 글씨 교정의 기본 원리를 제대로 익히는 방식입니다.
빠른 악필 교정에 반복만큼 효율적인 최적의 좋은 학습법은 없습니다. 반복을 통한 효율적인 암기로 빠른 글씨 교정을 앞당기는 최선의 방법임을 꼭 기억합시다.

4 글씨교정은 단기간이나 속성으로 이루어지지 않는다.

악필 교정에는 절대로 단기간이나 속성으로 글씨 교정의 실력이 갑자기 늘지 않습니다. 이런 방식은 일시적으로 좋아질 수 있으나 다시 악필로 되돌아가는 원인이 됩니다.
글씨교정은 꾸준히 매일 쓰는 습관만이 성공합니다. 불규칙한 글씨 교정 연습은 악필 교정을 처음부터 다시 시작하여야 하는 어려움이 있으므로 반복 또 반복 학습으로 매일 1시간 정도 글씨 교정을 하면 3개월 후에 반드시 깔끔하고 멋진 실전 필기체로 만들 수 있습니다.

5 오랜 시간에 글씨 쓰지 않는다.

글씨 쓰기는 하루에 1~2시간정도 이내로 하며 처음부터 무리하게 많은 연습을 하지 않는 것이 좋습니다. 매일 쓰는 연습으로 조금씩 늘려나가면 자신감을 얻어 빠른 글씨 교정을 할 수 있습니다.
오랜 시간에 글씨를 쓰면 집중도가 떨어지고 흐트러진 글씨체로 습관화가 될 수 있으며 글씨 쓰기에 흥미를 잃고 스트레스를 받아서 글씨 교정에 도움이 주지 않습니다.

6 초등학생은 보모님이 꼭 지도해 줍시다.

초등학교 이하는 혼자서 글씨쓰기에는 인내를 필요로 하는 어려운 과목입니다. 한글의 기하학적인 글자를 자세히 보면 글씨 높낮이가 다 다르기 때문에 균형 있게 바른 글씨를 쓴다는 것은 쉬운 일이 아닙니다. 글씨 쓰기 지도는 꼭 부모님이 옆에서 지도하여 잘못된 습관을 바로 고쳐줌으로서 많은 효과를 볼 수 있습니다.

올바른 필기구 잡는 법

필기구를 올바로 잡는 것이 악필을 예방하는 필수조건입니다.

올바른 필기구 잡는 법은 주먹을 가볍게 쥐고 50-70도 각도의 기울기를 주며, 2~3센티미터 위치에서 엄지와 검지를 마주보게 잡고 엄지, 검지가 둥근 모양이 되도록 합니다. 셋째 손가락의 첫마디에 필기구를 받쳐 주고 엄지 첫째 마디와 검지 둘째 마디를 꺾어 눌러주면서 새끼 손가락 밑면이 모두 지면에 닿도록 하면 안정된 자세가 됩니다.

글씨를 쓸 때에는 처음에는 끝까지 일정한 힘으로 쓰며 손목이 좌, 우로 꺾이지 않도록 합니다.

올바른 필기구 교정 모습

  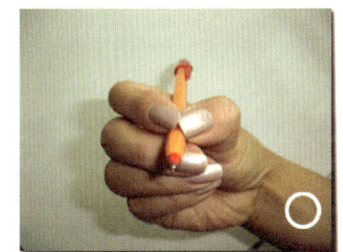

주먹을 가볍게 쥐고 엄지, 검지를 마주보게 잡고 둥근 모양이 되도록 한다. 새끼손가락 밑면이 노트지면에 닿도록 한다.

셋째 손가락 첫마디에 필기구를 받쳐 주고 엄지 첫째 마디와 검지 둘째 마디를 꺾어서 필기구를 눌러준다.

필기구 심에서 볼때 엄지·검지·중지손가락이 모아져서 삼각형 모양이 되면 올바르게 잡은 모습입니다.

잘못된 필기구 교정 모습

 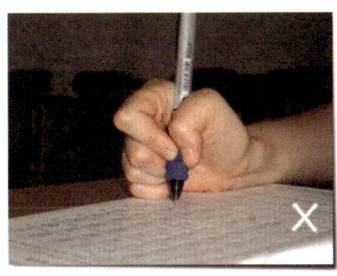 

엄지에 힘이 많이 가서 검지손가락이 많이 아프고 손의 움직임이 작아 글씨 쓰기가 불편하다.

엄지의 무리한 힘으로 엄지의 마디와 손가락 전체 힘이 많이 들어가서 아프고 글씨를 많이 쓸 수 없다.

엄지의 무리한 힘으로 엄지 마디와 중지 손가락이 눌러져서 아프고 글쓰기가 불편하며 많은 글씨를 쓸 수 없다.

경사 차트체란?

가로획의 방향을 일정한 경사각도로 올려 쓰는 글씨체로서 정자체보다는 부드러운 글씨체는 아니지만 힘 있고 깨끗하여 깔끔하게 보이는 것이 특징이며 컴퓨터가 발달하기 전에는 각 관공서 행정부처 및 군대, 기업체에서 상황판이나 업무보고용으로 많이 쓰던 가독성이 뛰어난 멋진 글씨체입니다. 빠른 글씨교정으로 쉽게 습득하는 글씨교정방법입니다.

경사차트체 작성의 예

外資導入 現況

〈単位: 百萬弗〉

區 分	借 款 額			比 率	
	美國(A)	日本(B)	合計(C)	A/C (%)	B/C (%)
財政借款	463.4	128.8	698.0	66.4	18.5
商業借款	493.2	392.3	1,512.3	32.6	25.9
外國人投資	99.3	31.4	151.9	65.4	20.7
合 計	1,055.9	532.5	2,362.2	44.7	23.4

国民教育憲章

우리는 民族中興의 歷史的 使命을 띠고 이땅에 태어났다. 祖上의 빛난 얼을 오늘에 되살려 안으로 自主獨立의 姿勢를 確立하고 밖으로 人類共榮에 이바지할때다. 이에 우리의 나아갈 바를 밝혀 敎育의 指標로 삼는다. 誠實한 마음

특허받은 교정선틀의 원리

쓰기 어렵고 많은 획으로 이루어진 한자를 일정한 획의 간격과 비율로 분해된 한자교정틀에서 한자를 쉽게 교정하고 경사차트체로 한자를 예쁘고, 써서 균형 있는 한자의 짜임새와 형태로 만들어 주는 반복·집중·첨삭 학습프로그램의 특허받은 한자교정기법

특허받은 글씨교정선틀

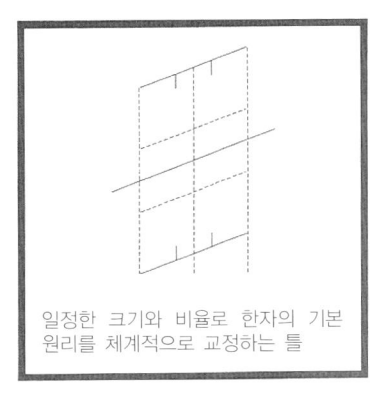

일정한 크기와 비율로 한자의 기본 원리를 체계적으로 교정하는 틀

교정선틀의 분해도

쓰기 어려운 많은 한자를 일정한 획 간격과 비율로 만들어 주는 10개의 틀에서 한자교정완성

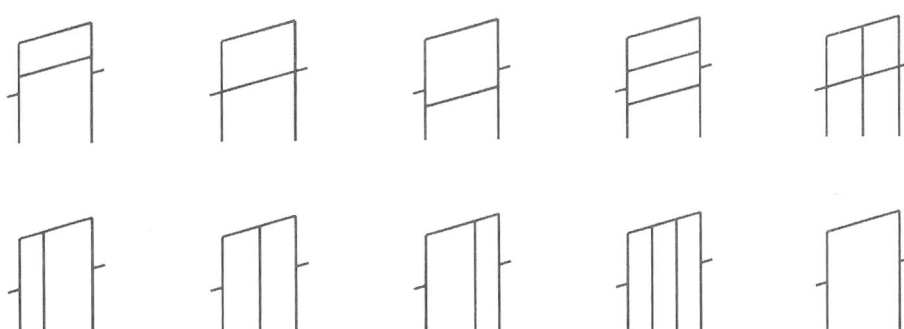

특허한자교정선틀의 사용 견본

한자를 바로 잡는 10개의 한자교정선틀에서 한자의 획 간격과 비율로 일정하게 교정해서 균형 있는 짜임새와 일관성 있는 모양으로 습득시키고 경사 차트체로 한자를 누구나 쉽게 교정할 수 있도록 만든 반복·집중·첨삭 학습프로그램의 특허 받은 한자교정기법

한자에서 삐쳐 나가는 폭을 정해주는 삐침교정선

특허한자교정선틀의 사용 방법

1. 매일 정해진 도전회분을 꼭 연습을 하고 기록표에 기록을 해주세요.
   (정해진 도전회분 보다 더 많은 교정연습을 해도 좋습니다.)
2. 매일 도전회분의 속도시간을 체크를 해주시기 바랍니다.
3. 반드시 매주 평가용을 보내서 첨삭지도평가에 합격하고 다음 단계를 이수하여야 합니다.
4. 한자를 보고 한자교정틀에 간격과 비율에 맞게 정확하게 쓰는 연습을 해주세요.
5. 한자교정틀에 맞지 않게 쓰면 균형 있는 한자 짜임새로 교정이 되지 않습니다.

■ 한자교정선틀에서 올바르게 쓴 글씨체

▶ 한자를 보고 한자교정선틀에 일정한 간격과 비율로 나누어서 씁시다.

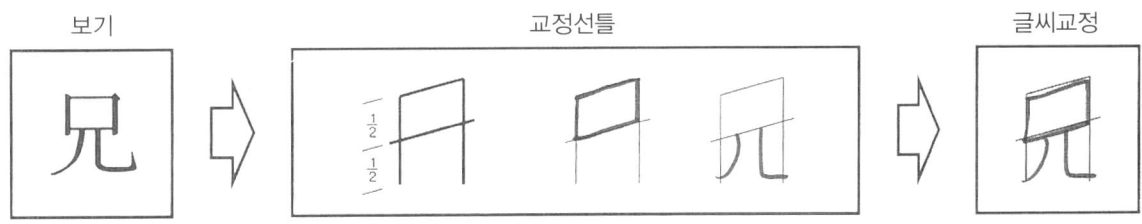

▶ 한자를 보고 한자교정선틀에 일정한 간격과 비율로 나누어서 씁시다.

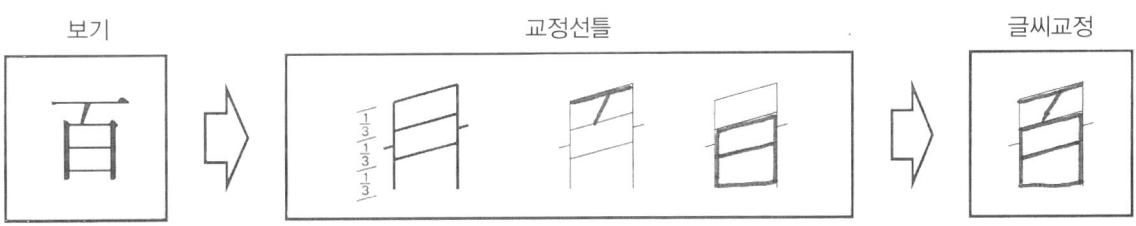

▶ 한자를 보고 한자교정선틀에 일정한 간격과 비율로 나누어서 씁시다.

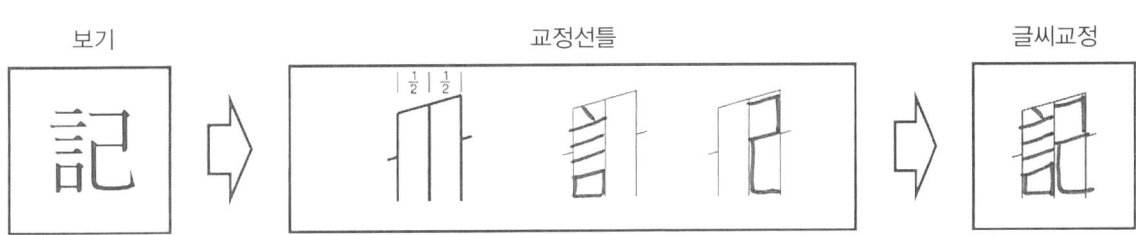

■ 한자교정선틀에서 올바르지 않게 쓴 글씨체

특허한자차트체의 기본 선긋기 방법

[화살표 방향으로 기본 선긋기를 한자교정선틀 안에 정확하게 맞추어 씁시다.]

1 가로획(경사선) 쓰기

가로획은 꼭 한자교정선틀의 경사선을 따라 일반 글씨를 쓰듯 왼쪽에서 오른쪽으로 처음부터 끝까지 일정한 힘을 주어서 씁시다.

☑ 중요사항 : 한자의 하단부 획을 수평으로 써서 한자의 균형과 안정감을 줍시다.

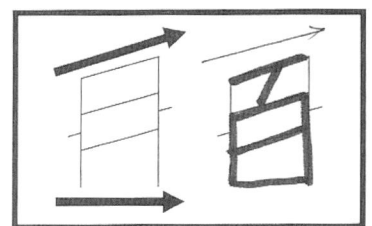

2 세로획(수직선) 쓰기

세로획은 위에서 아래로 쓰며 처음부터 끝까지 일정한 힘으로 내려 긋기 합시다.

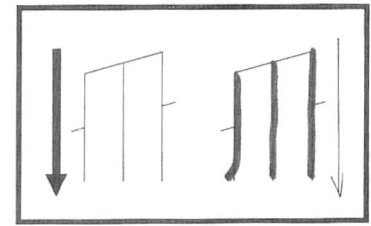

3 위에서 왼쪽 아래로 곡선 쓰기

왼쪽 아래로 내려 쓰는 곡선은 위에서 왼쪽 아래로 처음부터 끝까지 일정한 힘으로 내려 긋기 합시다.

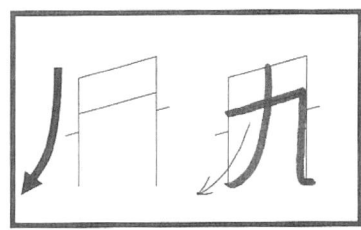

4 위에서 오른쪽 아래로 곡선 쓰기

오른쪽 아래로 내려 쓰는 곡선은 위에서 오른쪽 아래로 처음부터 끝까지 일정한 힘으로 내려 긋기 합시다.

☑ 중요사항 : 한자 차트체에서 오른쪽으로 내려 긋는 곡선을 직선으로 내려 긋기 하여도 됩니다.

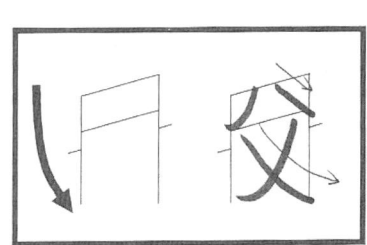

부수 일람표

1 획

- 一 한일
- 丨 뚫을곤
- 丶 점
- 丿 삐침
- 乙 새을
- 亅 갈구리궐

2 획

- 二 두이
- 亠 돼지해머리
- 人 사람인
- 亻 사람인변
- 儿 어진사람인발
- 入 들입
- 八 여덟팔
- 冂 멀경몸
- 冖 민갓머리
- 冫 이수변
- 几 안석궤
- 凵 위튼입구변
- 刀 칼도
- 刂 선칼도방
- 力 힘력
- 勹 쌀포몸
- 匕 비수비
- 匚 튼입구몸
- 匸 감출혜몸
- 十 열십
- 卜 점복
- 卩 병부절
- 厂 민엄호
- 厶 마늘모
- 又 또우

3 획

- 口 입구
- 囗 큰입구몸
- 土 흙토
- 士 선비사
- 夂 뒤져올치
- 夊 천천히걸을쇠발
- 夕 저녁석
- 大 큰대
- 女 계집녀
- 子 아들자
- 宀 갓머리
- 寸 마디촌
- 小 작을소
- 尢 절음발이왕
- 尸 주검시엄
- 屮 왼손좌
- 山 뫼산
- 巛 개미허리
- 工 장인공
- 己 몸기
- 巾 수건건
- 干 방패간
- 幺 작을요
- 广 엄호
- 廴 민책받침
- 廾 스물입발
- 弋 주살익
- 弓 활궁
- 彐 튼가로왈
- 彡 터럭삼방
- 彳 두인변
- 忄 심방변
- 扌 재방변
- 氵 삼수변
- 犭 개사슴록변
- 阝 좌부변
- 阝 우부방

4 획

- 心 마음심
- 戈 창과
- 戶 지게호
- 手 손수
- 支 지탱할지
- 攴 등글월문
- 文 글월문
- 斗 말 두
- 斤 날근
- 方 모방
- 无 없을무
- 日 날일
- 曰 가로왈
- 月 달월
- 木 나무목
- 欠 하품흠방
- 止 그칠지
- 歹 사죽을사변
- 殳 갖은등글월문
- 毋 말무
- 比 견줄비
- 毛 터럭모
- 氏 각시씨
- 气 기운기엄
- 水 물수
- 火 불화
- 灬 연화발
- 爪 손톱조머리
- 父 아비부
- 爻 점괘효
- 爿 장수장변
- 片 조각편
- 牙 어금니아
- 牛 소우변
- 犬 개견
- 老 늙을로엄
- 玉 구슬옥변
- 艹 초두머리
- 辶 책받침

5 획

- 玄 검을현
- 瓜 외과
- 瓦 기와와
- 甘 달감
- 生 날생
- 用 쓸용
- 田 밭전
- 疋 필필
- 疒 병질엄
- 癶 필발머리
- 白 흰백
- 皮 가죽피
- 皿 기명명
- 目 눈목
- 矛 창모
- 矢 화살시
- 石 돌석
- 示 보일시

부수 일람표

内 짐승발자국유	赤 붉을적	鬲 다리굽은솥력
禾 벼화	走 달아날주	鬼 귀신귀
穴 구멍혈	足 발족	**11 획**
立 설립	身 몸신	魚 물고기어
衤 옷의변	車 수레거	鳥 새조
6 획	辛 매울신	鹵 짠땅로
竹 대죽	辰 별신	鹿 사슴록
米 쌀미	邑 고을읍	麥 보리맥
糸 실사	酉 닭유	麻 삼마
缶 장군부	釆 분별할채	**12 획**
网 그물망	里 마을리	黃 누를황
羊 양양	**8 획**	黍 기장서
羽 깃우	金 쇠금	黑 검을흑
而 말이을이	長 길장	黹 바느질할치
耒 쟁기뢰	門 문문	**13 획**
耳 귀이	阜 언덕부	黽 맹꽁이맹
聿 오직율	隶 미칠이	鼎 솥정
臣 신하신	隹 새추	鼓 북고
自 스스로자	雨 비우	鼠 쥐서
至 이를지	靑 푸를청	**14 획**
臼 절구구	非 아닐비	鼻 코비
舌 혀설	**9 획**	齊 가지런할 제
舛 어그러질천	面 낯면	**15 획**
舟 배주	革 가죽혁	齒 이치
艮 괘이름간	韋 다룬가죽위	**16 획**
色 빛색	韭 부추구	龍 용룡
艸 초두	音 소리음	龜 거북귀
虍 범호엄	頁 머리혈	**17 획**
虫 벌레훼	風 바람풍	龠 피리약
血 피혈	飛 날비	
行 다닐행	食 밥식	
衣 옷의	首 머리수	
襾 덮을아	香 향기향	
7 획	**10 획**	
見 볼견	馬 말마	
角 뿔각	骨 뼈골	
言 말씀언	高 높을고	
谷 골곡	髟 긴털드리울표	
豆 콩두	鬪 싸움투	
豕 돼지시	鬯 술창	
豸 발없는벌레치		
貝 조개패		

부수의 위치상 구분

1. 변 : 부수가 글자의 왼편에 위치한 것으로 〈변〉을 붙인다.
   [보기] 亻 사람인 변 → 仁 어질 인

2. 방 : 부수가 글자의 오른편에 위치한 것으로 〈방〉을 붙인다.
   [보기] 斤 도끼근 방 → 新 새로울 신

3. 머리(두) : 부수가 글자의 위편에 위치한 것으로 〈머리〉를 붙인다.
   [보기] 宀 갓머리, 집면머리 → 家 집 가

4. 발(밑) : 부수가 글자의 아래편에 위치한 것으로 〈발〉을 붙인다.
   [보기] 皿 그릇명 발 → 益 더할 익

5. 엄 : 부수가 글자의 위에서 왼편으로 연결되어 위치한 것으로 〈엄〉을 붙인다.
   [보기] 厂 글바위 엄 → 原 근본 원

6. 받침 : 부수가 글자의 왼편에서 밑으로 연결되어 위치한 것으로 〈받침〉을 붙인다.
   [보기] 辶 쉬엄쉬엄갈 책받침 → 道 길 도

7. 몸 : 부수가 글자를 둘러싸고 있는 것으로 〈몸〉을 붙인다.
   [보기] 囗 에울위 몸 → 國 나라 국

8. 독립형 : 부수 자체가 글자인 것을 말하며 〈제부수〉라고 한다.
   [보기] 金 제부수 → 金 쇠 금

중심부수의 필순

▶ 한자 중심부수의 기본 쓰는 순서를 자주 보고 익힌 다음 교정연습을 하면 한자를 쉽게 교정할 수 있습니다.

乙 새 을	一乙	支 지탱할 지	一十支支
人 사람 인	ノ人	日 날 일	丨冂日日
入 들 입	ノ入	月 달 월	ノ刀月月
刀 칼 도	フ刀	木 나무 목	一十才木
力 힘 력	フ力	欠 하품 흠	ノ┌ケ欠
匕 비수 비	ノ匕	止 그칠 지	丨⺊⺊止
十 열 십	一十	歹 앙상한뼈 알	一丆歹歹
卜 점 복	丨卜	殳 몽둥이 수	ノ几卩殳
厶 마늘 모	厶	毛 털 모	一二三毛
又 또 우	フ又	水 물 수	丨才水水
口 입 구	丨冂口	火 불 화	丶丶丷火
土 흙 토	一十土	父 아비 부	丶丷父父
士 선비 사	一十士	爿 장수 장	丨爿爿爿
夕 저녁 석	ノクタ	牙 어금니 아	一⺈牙牙
大 큰 대	一ナ大	牛 소 우	ノ⺊二牛
女 계집 녀	〈⺈女	犬 개 견	一ナ大犬
子 아들 자	フ了子	玄 검을 현	丶一亠玄玄
寸 마디 촌	一十寸	瓜 오이 과	一厂瓜瓜
小 작을 소	丨丿小	瓦 기와 와	一丆瓦瓦瓦
尸 주검 시	フコ尸	甘 달 감	一十廾甘甘
山 뫼 산	丨山山	生 날 생	ノ⺊二牛生
工 장인 공	一丅工	用 쓸 용	ノ冂月用
己 몸 기	フコ己	白 흰 백	丶丨白白
巾 수건 건	丨冂巾	目 눈 목	丨冂月目
干 방패 간	一二干	矢 화살 시	ノ⺊二午矢
幺 작을 요	〈幺幺	石 돌 석	一丆石石石
弋 주살 익	一弋弋	示 보일 시	一二丅亓示
戈 창 과	一七戈戈	禾 벼 화	一二千禾禾
弓 활 궁	フコ弓	立 설 립	丶一亠立立
戶 집 호	一丆戶戶	竹 대 죽	ノ⺊⺊⺊竹竹
手 손 수	一二三手	米 쌀 미	丶丷二半米米
斗 말 두	丶丶⺊斗	糸 실 사	〈幺幺糸糸
斤 도끼 근	一厂斤斤	羊 양 양	丶丷二羊
方 모 방	丶一亠方	羽 깃 우	フヲヲ羽羽羽

중심부수의 필순

▶ 한자 중심부수의 기본 쓰는 순서를 자주 보고 익힌 다음 교정연습을 하면 한자를 쉽게 교정할 수 있습니다.

田 밭 전	丨 冂 冃 用 田	里 마을 리	丨 口 日 甲 甲 里
矛 창 모	𠃍 マ ヌ 予 矛	金 쇠 금	丿 人 스 수 全 余 金 金
而 말이을 이	一 丆 丙 而	長 긴 장	丨 亠 F 투 투 長
耳 귀 이	一 T F 耳 耳	𣥠 필 발	𠃍 ㄱ ㄱ'
聿 붓 율	𠃍 ㄱ 글 聿	門 문 문	丨 𠂆 𠂆' 門 門 門
臣 신하 신	丨 𠂉 𠂉' 𠂉'' 𠂉''' 臣	隹 새 추	丿 亻 亻' 亻'' 佳 隹
自 스스로 자	丿 丨 冂 自 自	雨 비 우	一 𠂆 冂 币 雨 雨
至 이를 지	一 丆 云 至 至 至	靑 푸를 청	一 ㄗ 丯 靑 靑 靑
臼 절구 구	丿 𠂉 F 臼 臼	非 아닐 비	丿 𠂉 扌 丬 非 非
舌 혀 설	一 二 千 舌 舌	面 낯 면	一 𠂆 丆 而 面
艮 그칠 간	𠃍 ㄱ 曰 艮 艮	革 가죽 혁	一 艹 苹 革 革
舟 배 주	丿 𠂉 冂 冂 舟	韋 가죽 위	丿 𠂉 壴 壴 韋
色 빛 색	丿 𠂉 섟 섟 色	音 소리 음	一 𠂉 亠 咅 音
虍 범 호	丿 𠂉 𠂉' 𠂉'' 虍	頁 머리 혈	一 丆 丆' 頁 頁
血 피 혈	丿 𠂉 冂 血 血	飛 날 비	𠃍 乛 乛' 飛 飛 飛
行 갈 행	丿 彳 行 行 行	食 밥 식	丿 人 𠆢 𠆢' 食 食
衣 옷 의	一 亠 亠' 衣 衣 衣	首 머리 수	丷 亠 亠' 首 首
見 볼 견	丨 冂 目 貝 見	馬 말 마	丨 𠂆 𠂆' 馬 馬
角 뿔 각	丿 𠂉 广 角 角 角	骨 뼈 골	丨 冂 冂' 骨 骨
言 말씀 언	一 𠂉 亠 言 言	高 높을 고	一 亠 高 高 高
谷 골 곡	丿 𠆢 父 谷 谷	鬥 싸울 투	丨 F 阝 鬥
豆 콩 두	一 𠂉 豆 豆 豆	鬼 귀신 귀	丿 白 甶 鬼 鬼
豕 돼지 시	一 丆 𠂆 豕 豕 豕	魚 고기 어	丿 𠂉 𠂉' 角 魚 魚
貝 조개 패	丨 冂 目 貝 貝	鳥 새 조	丿 𠂉 白 鳥 鳥
赤 붉을 적	一 十 土 方 赤 赤	麻 삼 마	一 广 广' 麻 麻 麻
走 달릴 주	一 十 土 走 走 走 走	黃 누를 황	一 廾 芇 苗 黃 黃
足 발 족	丨 口 口' 口'' 足 足	黍 기장 서	一 二 千 禾 禾 黍 黍
身 몸 신	丿 𠂉 冂 身 身 身	黑 검을 흑	丨 冂 冂' 甲 里 黑
車 수레 차	一 𠂉 亘 車 車	鼻 코 비	𠂉 白 皇 鼻 鼻
酉 닭 유	一 𠂉 冂 西 西 酉	齊 가지런할 제	一 亠 𠂉 斉 斉 齊
辛 매울 신	丶 亠 亠' 辛 辛 辛	齒 이 치	丨 𠂉 止 恭 齒 齒
辰 별 진	一 𠂆 𠂆' 辰 辰 辰 辰	龍 용 룡	一 亠 咅 咅' 龍 龍 龍

9주

 글씨교정 성공을 위한 특허교재 활용법

1. **글씨교정을 반드시 성공하는 활용법**
   본 특허교재로 글씨교정을 성공하려면 반드시 매주 첨삭지도평가에 합격하고 다음 단계를 이수하여야 글씨교정성공의 결과물을 얻을 수 있습니다.

2. **매일 1~2시간 정도 꾸준히 글씨교정하기**
   불규칙적인 글씨교정연습은 글씨교정이 잘 되지 않아서 원상태의 악필로 되돌아가는 원인이 됩니다.

9주 준3급 도전 49회

교정시간 | 10분 | 15분 | 20분 | 기타   분

▶ 한자교정선틀에서 비율과 크기에 맞게 써 봅시다.

佳 아름다울 가
亻부6획
(총8획)

脚 다리 각
月부7획
(총11획)

閣 문설주 각
門부6획
(총14획)

較 견줄 교, 차이 각
車부6획
(총3획)

刊 책펴낼 간
刂부3획
(총5획)

가인 [佳人] 아름다운 여인
가연 [佳緣] 아름다운 인연
각색 [脚色] 각본으로 고쳐 쓰는 일

각료 [閣僚] 내각을 구성하는 각 장관
비교 [比較] 서로 견주어 봄
간행 [刊行] 책을 인쇄하여 펴냄

懇 정성 간
心부13획
(총17획)

肝 간 간
月부3획
(총7획)

幹 줄기 간
干부10획
(총13획)

鑑 거울 감
金부14획
(총22획)

綱 벼리 강
糸부8획
(총14획)

간절 [懇切] 정성스럽고 지성스러움
간담 [懇談] 털어놓고 이야기함
간장 [肝腸] 간과 창자

간부 [幹部] 회사나 단체의 우두머리
감정 [鑑定] 사물을 감별하고 판정함
강령 [綱領] 정당, 단체 따위의 기본방침

9주 준3급 도전 49회

교정시간 | 10분 | 15분 | 20분 | 기타   분

▶ 한자교정선틀에서 비율과 크기에 맞게 써 봅시다.

剛	굳셀 강	刂부8획 (총10획)
介	끼일 개	人부2획 (총4획)
概	대개 개	木부11획 (총15획)
距	떨어질 거	足부5획 (총12획)
乾	하늘 건	乙부10획 (총11획)

강직 [剛直] 마음이 굳세고 곧음
강건 [強健] 마음이 곧고 강함
개입 [介入] 관계가 없는 일에 끼어듦

개요 [概要] 대강의 요점. 개략
거리 [距離] 서로 떨어진 길이
건조 [乾燥] 습기가 없어 물기가 마름

劍	칼 검	刂부13획 (총15획)
訣	헤어질 결	言부4획 (총11획)
兼	겸할 겸	八부8획 (총10획)
謙	겸손할 겸	言부10획 (총17획)
耕	밭갈 경	耒부4획 (총10획)

검술 [劍術] 검을 잘 쓰는 기술
결별 [訣別] 기약 없는 이별
겸용 [兼用] 한 가지를 여러 가지로 두루 씀

겸비 [兼備] 여러 가지를 함께 갖춤
겸허 [謙虛] 겸손하게 자기를 낮춤
경작 [耕作] 논밭을 갈아서 농사를 지음

9주 준3급 도전 49회

교정시간 | 10분 | 15분 | 20분 | 기타 분

▶ 한자교정선틀에서 비율과 크기에 맞게 써 봅시다.

頃	넓이단위 경, 반걸음 규 頁부2획 (총11획)
啓	열 계 口부8획 (총11획)
溪	시내 계 氵부10획 (총13획)
械	형틀 계 木부7획 (총11획)
契	맺을 계, 새길 결 大부6획 (총9획)

경각 [頃刻] 눈 깜빡할 사이
계도 [啓導] 깨우쳐 이끌어 줌
계시 [啓示] 깨우쳐 알게 함
계곡 [溪谷] 물이 흐르는 골짜기
기계 [機械] 동력 장치
계약 [契約] 매매, 교환 등의 법률행위

鼓	북 고 鼓부0획 (총13획)
姑	시어미 고 女부5획 (총8획)
稿	볏짚 고 禾부10획 (총15획)
哭	울 곡 口부7획 (총10획)
谷	골 곡, 나라이름 욕, 벼슬이름 록 谷부0획 (총7획)

고동 [鼓動] 심장의 운동
고막 [鼓膜] 귀청
고부 [姑夫] 고모부
고료 [稿料] 원고료
곡성 [哭聲] 곡소리
곡천 [谷泉] 골짜기에서 솟는 샘물

9주 준3급 도전 49회

교정시간 | 10분 | 15분 | 20분 | 기타 분

▶ 한자교정선틀에서 비율과 크기에 맞게 써 봅시다.

供	이바지할 공 亻부6획 (총8획)											
恐	두려울 공 心부6획 (총10획)											
恭	공손할 공 心부6획 (총10획)											
貢	바칠 공 貝부3획 (총10획)											
誇	자랑할 과 言부6획 (총13획)											

공여 [供與] 이익이나 편의가 돌아가도록 함
공급 [供給] 요구에 따라 물품을 제공함
공황 [恐慌] 갑자기 생기는 심리적 불안 상태

공경 [恭敬] 공손히 섬김
공헌 [貢獻] 이바지함
과장 [誇張] 지나치게 불려서 떠벌림

寡	적을 과 宀부11획 (총14획)											
館	객사 관 食부8획 (총17획)											
冠	갓 관 冖부7획 (총9획)											
寬	너그러울 관 宀부12획 (총15획)											
慣	버릇 관 忄부11획 (총14획)											

과부 [寡婦] 남편이 죽어서 혼자 사는 여자
관사 [館舍] 외국사신을 묵게 하는 집
관동 [冠童] 어른과 아이

관례 [冠禮] 어른이 되는 예식
관용 [寬容] 너그럽게 용서함
관습 [慣習] 오랫동안 인정된 습관

9주 준3급 도전 50회

교정시간 | 10분 | 15분 | 20분 | 기타   분

▶ 한자교정선틀에서 비율과 크기에 맞게 써 봅시다.

貫	꿸 관 貝부4획 (총11획)
怪	기이할 괴 忄부5획 (총8획)
壞	무너질 괴 土부16획 (총19획)
巧	공교할 교 工부2획 (총5획)
拘	잡을 구 扌부5획 (총8획)

관통 [貫通] 꿰뚫어 통함
관철 [貫徹] 끝까지 자기주장의 목적을 이룸
괴물 [怪物] 이상하게 생긴 물체
괴멸 [壞滅] 파괴되어 멸망함
교묘 [巧妙] 재치 있고 약삭빠름
구속 [拘束] 자유를 속박하거나 제한함

久	오랠 구 丿부2획 (총3획)
菊	국화 국 艹부8획 (총12획)
弓	활 궁 弓부0획 (총3획)
拳	주먹 권 手부6획 (총10획)
鬼	귀신 귀 鬼부0획 (총10획)

구원 [久遠] 몹시 오래됨
구한 [久旱] 오랜 가뭄
국화 [菊花] 엉거시과의 꽃
궁술 [弓術] 활 쏘는 기술
권법 [拳法] 주먹을 써서 하는 운동
귀신 [鬼神] 사람의 죽은 넋

25

9주 준3급 도전 50회

교정시간 | 10분 | 15분 | 20분 | 기타   분

▶ 한자교정선틀에서 비율과 크기에 맞게 써 봅시다.

克	이길 극 儿부5획 (총7획)
錦	비단 금 金부8획 (총16획)
琴	거문고 금 王부8획 (총12획)
禽	날짐승 금 内부8획 (총13획)
及	미칠 급 又부2획 (총4획)

극복 [克服] 상대방을 이겨 굴복시킴
극기 [克己] 자기 자신을 의지로 이김
금의 [錦衣] 비단옷
금슬 [琴瑟] 거문고와 비파
금수 [禽獸] 모든 짐승
급락 [及落] 합격과 낙제

企	꾀할 기 人부4획 (총6획)
其	그 기 八부6획 (총8획)
祈	빌 기 示부획 (총9획)
畿	경기 기 田부4획 (총15획)
繁	팽팽할 긴 糸부8획 (총14획)

기획 [企劃] 일을 계획함
기도 [企圖] 어떤 일을 꾸미려고 꾀함
기타 [其他] 그 밖의 또 다른 것
기원 [祈願] 바라는 일이 이루어지기를 빎
경기 [京畿] 서울을 중심으로 한 주위의 땅
긴급 [繁急] 요긴하고 급함

9주 준3급 도전 50회

교정시간 | 10분 | 15분 | 20분 | 기타   분

▶ 한자교정선틀에서 비율과 크기에 맞게 써 봅시다.

諾	대답할 낙 言부9획 (총16획)
娘	아가씨 낭 女부7획 (총10획)
耐	견딜 내 而부3획 (총9획)
寧	평안할 녕(영) 宀부11획 (총14획)
奴	종 노 女부2획 (총5획)

낙낙 [諾諾] 남이 말하는 대로 순종함
낭자 [娘子] 처녀, 젊은 여자의 높임말
내구 [耐久] 오래 견딤
내열 [耐熱] 열에 견디어냄
안녕 [安寧] 마음이 편하고 탈이 없음
노비 [奴婢] 남자종과 여자종

腦	뇌 뇌 月부9획 (총13획)
茶	차 다, 차 차 艹부6획 (총10획)
旦	아침 단 日부1획 (총5획)
丹	붉을 단, 정성스러울 란 丶부3획 (총4획)
但	다만 단, 거짓 탄 亻부5획 (총7획)

뇌염 [腦炎] 뇌의 염증
차방 [茶房] 찻집. 다방
비단 [非但] 다만 그것뿐만이 아님
단청 [丹靑] 여러 가지 빛깔로 그린그림
단모 [旦暮] 아침과 저녁
단장 [丹粧] 머리, 얼굴, 옷차림을 곱게 꾸밈

9주 준3급 도전 50회

교정시간 | 10분 | 15분 | 20분 | 기타   분

▶ 한자교정선틀에서 비율과 크기에 맞게 써 봅시다.

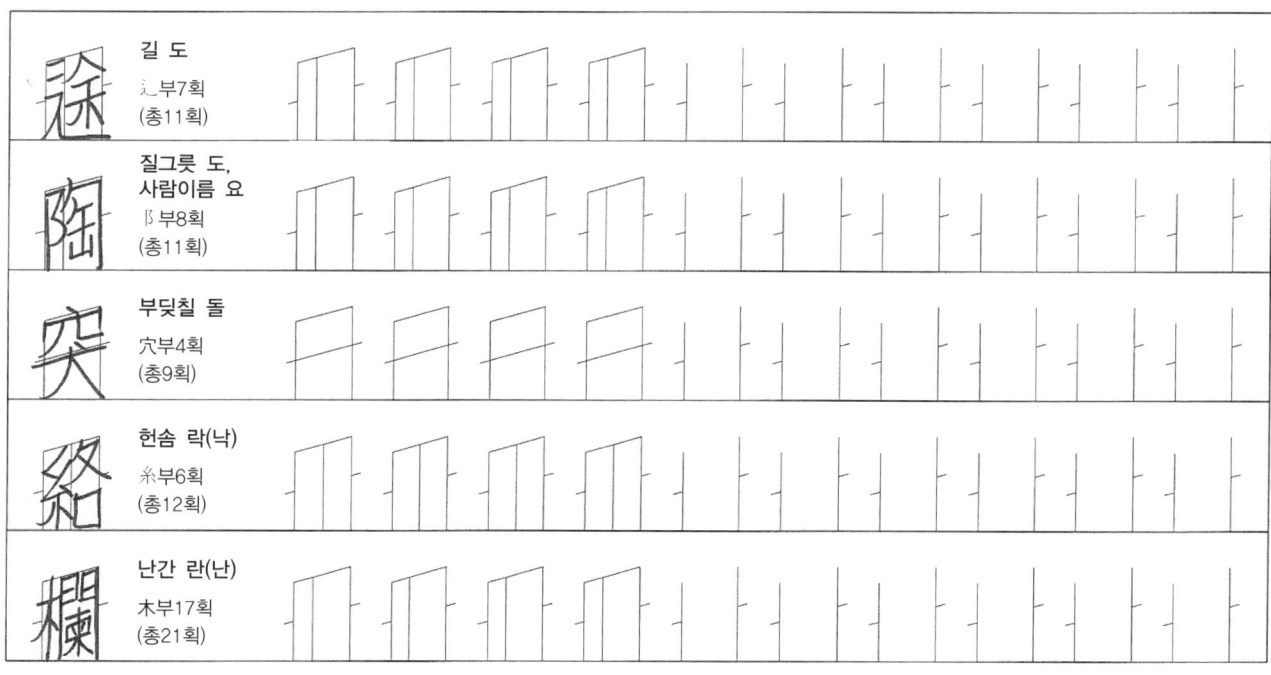

담백 [淡白] 맛이 깨끗하고 산뜻함
담박 [淡泊] 욕심이 없고 마음이 깨끗함
답습 [踏襲] 선인의 뒤를 그대로 따라 행함

당황 [唐慌] 놀라서 어찌할 바를 모름
대사 [臺詞] 연극에서 배우가 하는 말
도창 [刀創] 칼에 베인 상처

도중 [途中] 길을 가는 있는 동안
도예 [陶藝] 도자기 공예
도공 [陶工] 옹기를 만드는 사람

돌연 [突然] 예기치 못한 갑작스러움
낙역 [絡繹] 왕래가 끊이지 않음
난만 [爛漫] 꽃이 만발하여 화려함

9주 준3급 도전 51회

교정시간 | 10분 | 15분 | 20분 | 기타 분

▶ 한자교정선틀에서 비율과 크기에 맞게 써 봅시다.

蘭	난초 란(난) 艹부17획 (총21획)
廊	복도 랑(낭) 广부10획 (총13획)
浪	물결 랑(낭) 氵부7획 (총10획)
郞	사나이 랑(낭) 阝부7획 (총10획)
凉	서늘할 량(양) 氵부8획 (총10획)

난초 [蘭草] 난초과에 속하는 식물의 총칭
난추 [蘭秋] 음력 칠월
낭묘 [廊廟] 나라의 정치를 돌보던 궁전
낭만 [浪漫] 감미로운 분위기
낭군 [郞君] 자기의 남편을 이르는 말
납량 [納凉] 서늘한 기운을 느낌

勵	힘쓸 려(여) 力부15획 (총17획)
曆	책력 력(역) 日부12획 (총16획)
聯	잇달 련(연) 耳부11획 (총17획)
鍊	불릴 련(연) 金부9획 (총17획)
戀	사모할 련(연) 心부19획 (총23획)

격려 [激勵] 용기나 의욕을 북돋워 줌
음력 [陰曆] 달이 도는 시간을 맞춘 만든 역법
연방 [聯邦] 국가가 연합하여 이룬 나라
단련 [鍛鍊] 단단하게 만듦
연모 [戀慕] 간절히 그리워함
연애 [戀愛] 남녀가 서로 그리워하고 사랑함

9주 준3급 도전 51회

교정시간 | 10분 | 15분 | 20분 | 기타   분

▶ 한자교정선틀에서 비율과 크기에 맞게 써 봅시다.

嶺	고개 령(영) 山부14획 (총17획)
靈	신령 령(영) 雨부16획 (총24획)
爐	화로 로(노) 火부16획 (총20획)
露	이슬 로(노) 雨부12획 (총20획)
弄	희롱할 롱(농) 廾부4획 (총7획)

영동 [嶺東] 대관령 동쪽에 있는 땅. 강원도
영감 [靈感] 신령스러운 예감이나 느낌
영구 [靈柩] 시체를 담은 관

향로 [香爐] 향을 피우는 자그마한 화로
노출 [露出] 겉으로 드러냄
농담 [弄談] 농으로 실없는 말

賴	힘입을 뢰(뇌) 貝부9획 (총16획)
樓	다락 루(누) 木부11획 (총15획)
倫	인륜 륜(윤) 亻부8획 (총10획)
栗	밤나무 률(율) 木부6획 (총10획)
率	거느릴 솔, 율 률(율), 우두머리 수 玄부6획 (총11획)

신뢰 [信賴] 굳게 믿고 의지함
의뢰 [依賴] 남에게 부탁함
누각 [樓閣] 문과 벽이 없이 사방을 보도록 높이
　　　　　지은 집

윤리 [倫理] 마땅히 지켜야 할 도리와 규범
율목 [栗木] 밤나무
통솔 [統率] 전체를 거느려 다스림

9주 준3급 도전 51회

교정시간 | 10분 | 15분 | 20분 | 기타   분

▶ 한자교정선틀에서 비율과 크기에 맞게 써 봅시다.

隆	높일 륭(융) 阝부9획 (총12획)
陵	언덕 릉(능) 阝부8획 (총11획)
吏	벼슬아치 리(이) 口부3획 (총6획)
履	신 리(이) 尸부12획 (총15획)
裏	속 리(이) 衣부7획 (총13획)

융숭 [隆崇] 정중하고 극진함
능멸 [陵蔑] 업신여기고 깔봄
능비 [陵碑] 능 앞에 세우는 비석

이도 [吏道] 관리로서 마땅히 지켜야 할 도리
이행 [履行] 실제로 행함
이면 [裏面] 겉으로 나타나지 않는 내용

臨	임할 림(임) 臣부11획 (총17획)
漠	사막 막 氵부11획 (총14획)
幕	막 막 巾부11획 (총14획)
莫	없을 막, 저물 모, 고요할 맥 艹부7획 (총11획)
晚	늦을 만 日부7획 (총11획)

이면 [裏面] 겉으로 나타나지 않는 내용
임시 [臨時] 정해진 시간이 아님
망막 [茫漠] 넓고 멂

막간 [幕間] 연극에서 막이 내려진 동안
막중 [莫重] 매우 중대함
만학 [晚學] 나이가 들어 뒤늦게 공부함

9주 준3급 도전 51회

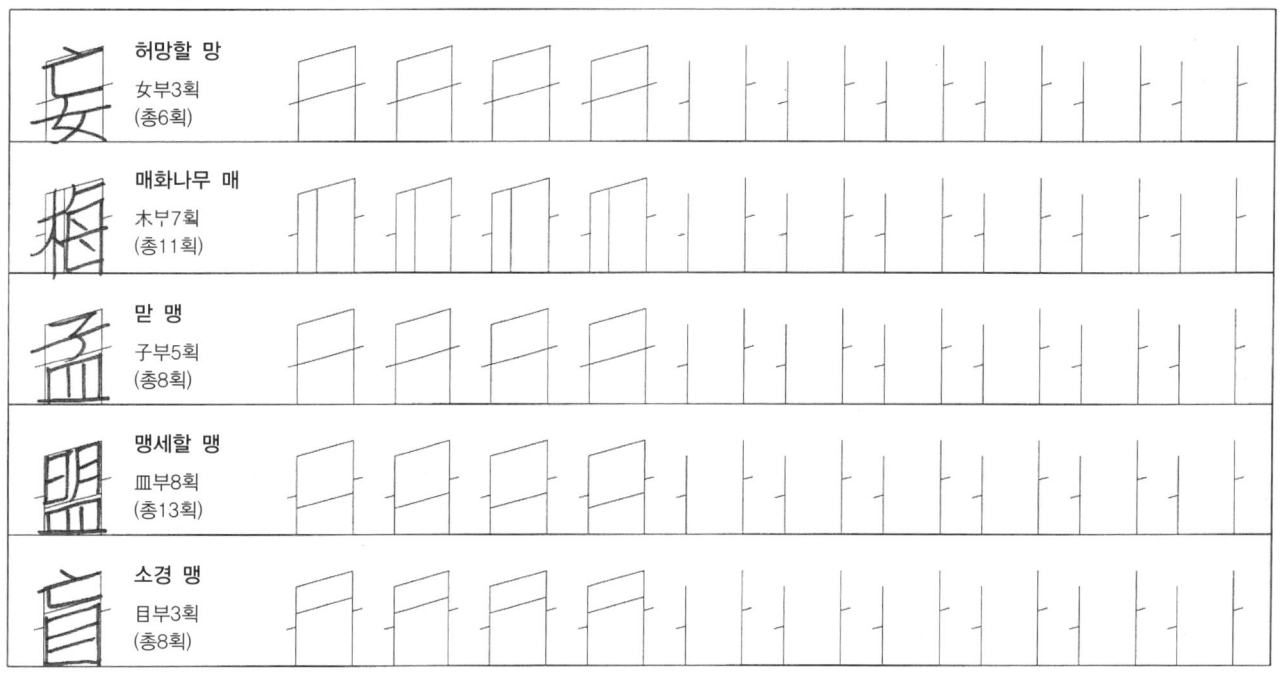

망언 [妄言] 망령된 허무 맹랑한 말
망령 [妄靈] 상식에서 벗어나고 주책이 없음
매실 [梅實] 매실나무의 열매

맹자 [孟子] 전국시대의 철인
맹약 [盟約] 굳게 맺은 약속
맹점 [盲點] 미처 생각이 깨닫지 못하는 점

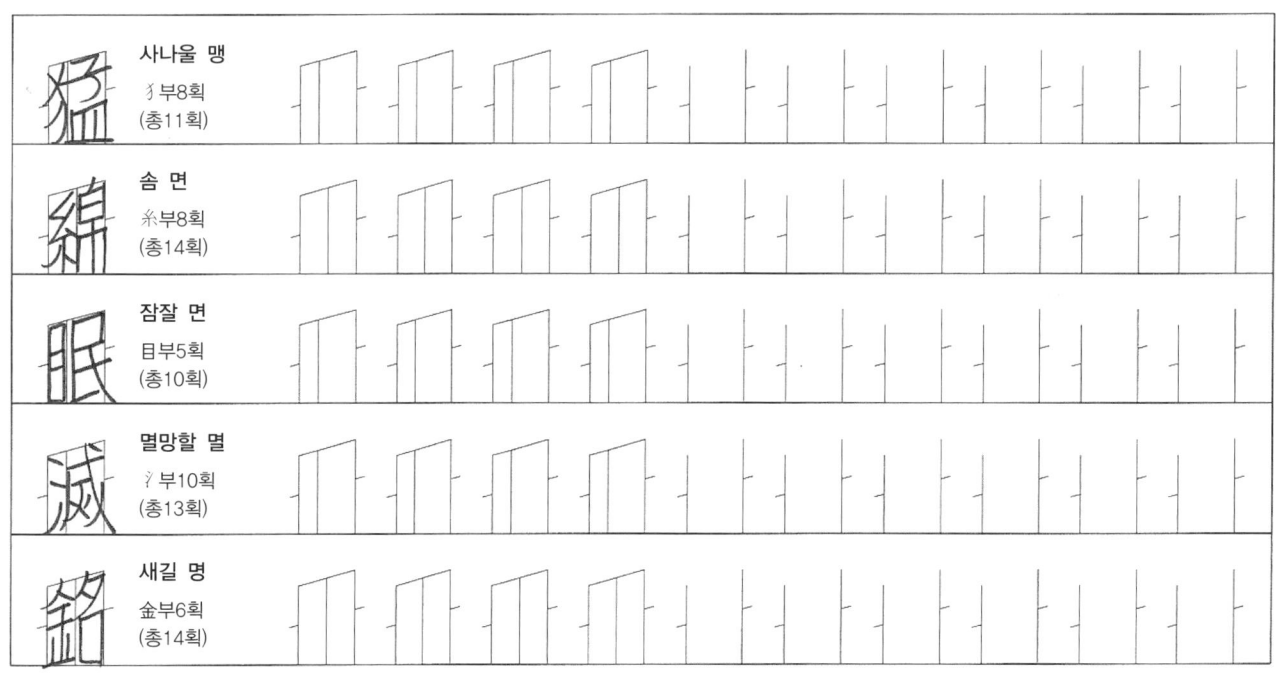

맹수 [猛獸] 매우 사나운 짐승
맹독 [猛毒] 심한 독기
면화 [綿花] 목화

면식 [眠食] 잠자는 일과 먹는 일
멸종 [滅種] 씨가 없어짐
명심 [銘心] 잊지 않고 깊이새김

▶ 한자교정선들에서 비율과 크기에 맞게 써 봅시다.

慕	사모할 모 心부11획 (총15획)
謀	꾀할 모 言부9획 (총16획)
貌	모양 모, 모뜰 막 豸부7획 (총14획)
睦	화목할 목 目부8획 (총13획)
沒	가라앉을 몰 氵부4획 (총7획)

모정 [慕情] 그리워하는 마음
모의 [謀議] 일을 꾀하고 의논함
모면 [謀免] 꾀를 써서 어려운 고비를 벗어남

외모 [外貌] 겉모양
화목 [和睦] 서로 뜻이 맞고 정다움
몰락 [沒落] 망해서 보잘것없음

夢	꿈 몽 夕부11획 (총14획)
蒙	어릴 몽 艹부10획 (총14획)
貿	무역할 무 貝부5획 (총12획)
茂	무성할 무 艹부5획 (총9획)
默	묵묵할 묵 黑부4획 (총16획)

몽유 [夢遊] 꿈속에서 놂
몽상 [夢想] 꿈같은 헛된 생각
몽롱 [朦朧] 뚜렷하지 않고 흐리멍덩함

무역 [貿易] 상품을 사고팔고 하는 일
무성 [茂盛] 초목이 우거지어 성함
묵언 [默言] 말이 없이 잠잠함

9주 준3급 도전 52회

교정시간 | 10분 | 15분 | 20분 | 기타 분

▶ 한자교정선틀에서 비율과 크기에 맞게 써 봅시다.

紋	무늬 문 糸부4획 (총10획)
勿	말 물, 털 몰 勹부2획 (총4획)
微	작을 미 彳부10획 (총13획)
迫	닥칠 박 辶부5획 (총9획)
薄	얇을 박 艹부13획 (총17획)

문채 [文彩] 아름다운 광채
물론 [勿論] 말할 것도 없음
미약 [微弱] 작고 약함

미온 [微溫] 미지근함
박력 [迫力] 힘 있게 밀고 나가는 활동력
박대 [薄待] 냉담하게 대접함

般	옮길 반 舟부4획 (총10획)
飯	밥 반 食부4획 (총13획)
繁	번성할 번, 뱃대끈 반 糸부11획 (총17획)
排	물리칠 배 扌부8획 (총11획)
輩	무리 배 車부8획 (총15획)

일반 [一般] 같은 모양. 전체에 두루 해당
전반 [全般] 통틀어서 모두
잔반 [殘飯] 먹고 남은 밥

번성 [繁盛] 한창 늘어서 무성함
배신 [背信] 믿음이나 의리를 저버림
배출 [排出] 인재가 잇달아 나옴

9주 준3급 도전 52회

교정시간 10분 15분 20분 기타   분

▶ 한자교정선틀에서 비율과 크기에 맞게 써 봅시다.

培	북돋울 배, 언덕 부 土부8획 (총11획)
妃	왕비 비, 짝 배 女부3획 (총6획)
伯	맏 백 亻부5획 (총7획)
凡	무릇 범 几부1획 (총3획)
碧	푸를 벽 石부9획 (총14획)

배양 [培養] 북돋아 가꾸어 기름
대비 [大妃] 선왕의 후비
백부 [伯父] 큰아버지

백형 [伯兄] 맏형
범상 [凡常] 대수롭지 않고 예사로움
벽공 [碧空] 푸른 하늘

丙	남녘 병 一부4획 (총5획)
補	울 보 衤부7획 (총12획)
腹	배 복 月부9획 (총13획)
封	봉할 봉 土부6획 (총13획)
峯	봉우리 봉 山부7획 (총10획)

병자 [丙子] 육십갑자의 열셋째
보충 [補充] 부족한 것을 보태어 채움
보직 [補職] 어떤 직책을 맡게 함

복통 [腹痛] 배를 앓는 통증
봉쇄 [封鎖] 외부와의 연락을 끊음
산봉 [山峯] 산봉우리

9주 준3급 도전 52회

교정시간 | 10분 | 15분 | 20분 | 기타 분

▶ 한자교정선틀에서 비율과 크기에 맞게 써 봅시다.

逢	만날 봉 辶부7획 (총11획)
符	부호 부 竹부5획 (총11획)
浮	뜰 부 氵부7획 (총10획)
附	붙을 부 阝부5획 (총8획)
付	줄 부 亻부3획 (총5획)

상봉 [相逢] 서로 만남
봉변 [逢變] 뜻밖의 변이나 화를 입음
부적 [符籍] 액운을 물리치기 위한 호부
부상 [浮上] 물 위로 떠오름
부착 [附着] 딱 붙어서 떨어지지 않음
부탁 [付託] 남에게 일을 해달라고 청하거나 맡김

簿	장부 부, 잠박 박 竹부13획 (총19획)
扶	도울 부, 길 포 扌부4획 (총7획)
奔	달아날 분 大부6획 (총9획)
奮	떨칠 분 大부13획 (총16획)
紛	어지러울 분 糸부4획 (총10획)

부기 [簿記] 출납을 장부에 정리하는 일
부조 [扶助] 어려운 사람을 도와주는 일
부양 [扶養] 생활 능력이 없는 사람을 보살핌
분등 [奔騰] 물가가 갑자기 오름
분발 [奮發] 힘을 다하여 떨쳐 일어남
분란 [紛亂] 어수선하고 떠들썩함

9주 준3급 도전 53회

교정시간 | 10분 | 15분 | 20분 | 기타 분

▶ 한자교정선틀에서 비율과 크기에 맞게 써 봅시다.

卑	낮을 비 十부6획 (총8획)
婢	여자종 비 女부8획 (총11획)
肥	살찔 비 月부4획 (총8획)
詞	말씀 사 言부5획 (총12획)
司	맡을 사 口부2획 (총5획)

비어 [卑語] 천한 말
비굴 [卑屈] 용기가 없고 남에게 잘 굽힘
비녀 [婢女] 여자종
비만 [肥滿] 살찌고 뚱뚱함
명사 [名詞] 사물의 이름을 나타내는 품사
사법 [司法] 법을 적용하여 심판하는 행위

沙	모래 사 氵부4획 (총7획)
祀	제사 사 示부3획 (총8획)
衰	쇠할 쇠, 상옷 최, 도롱이 사 衣부4획 (총10획)
邪	간사할 사, 그런가 야 阝부4획 (총7획)
索	찾을 색, 동아줄 삭 糸부4획 (총10획)

사막 [沙漠] 모래나 자갈 따위로 뒤덮인 지역
사공 [沙工] 뱃사공
향사 [享祀] 제사
쇠퇴 [衰退] 쇠하여 전보다 못함
사악 [邪惡] 간사하고 악독함
색출 [索出] 뒤져서 찾아냄

9주 준3급 도전 53회

교정시간 10분 15분 20분 기타   분

▶ 한자교정선틀에서 비율과 크기에 맞게 써 봅시다.

삼림 [森林] 나무가 많이 우거진 숲
삼엄 [森嚴] 무서울 만큼 질서가 바르고 엄숙함
상심 [喪心] 근심걱정으로 맥이 빠짐

상조 [尙早] 시기상조. 아직 때가 이름
석상 [石像] 돌로 만든 형상
의상 [衣裳] 여자의 옷. 저고리와 치마

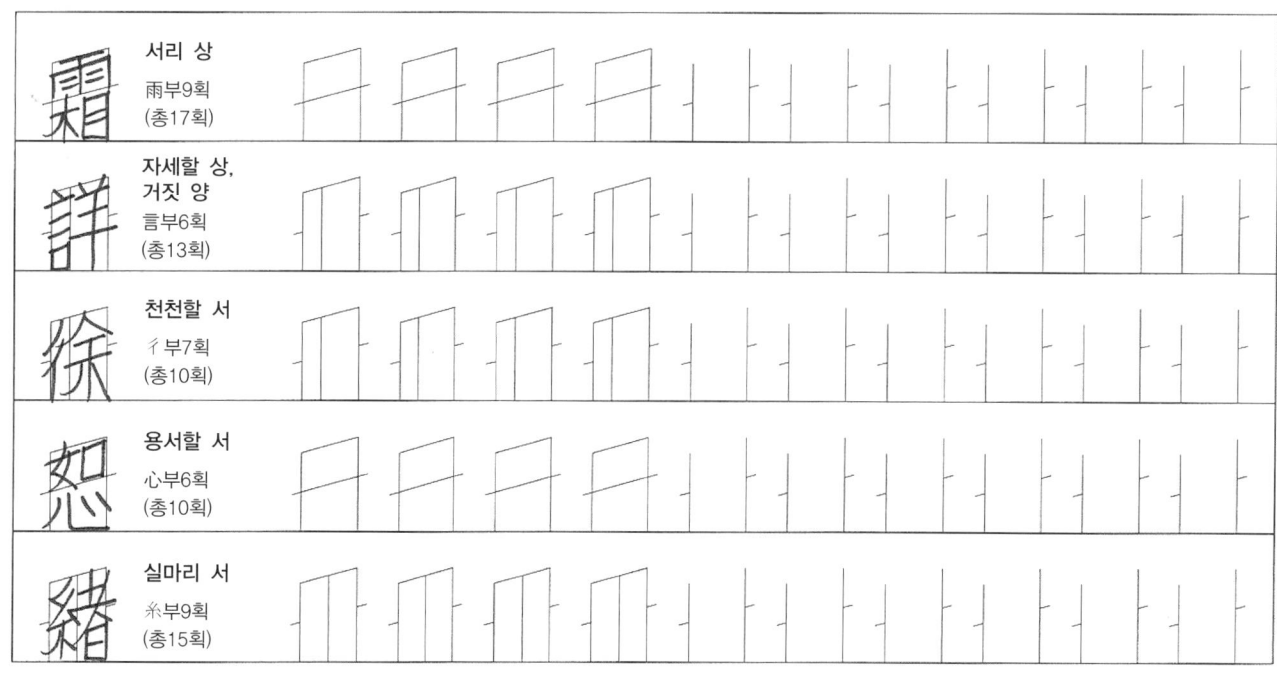

상국 [霜菊] 서리가 내릴 때에 피는 국화
상세 [詳細] 자세하고 치밀함
상술 [詳述] 아주 자세하게 설명함

서행 [徐行] 천천히 감
용서 [容恕] 꾸짖거나 벌하지 않고 덮어 줌
단서 [端緖] 일의 실마리

9주 준3급 도전 53회

교정시간 | 10분 | 15분 | 20분 | 기타 분

▶ 한자교정선틀에서 비율과 크기에 맞게 써 봅시다.

署	관청 서 ㅁ부9획 (총14획)
釋	풀 석 釆부13획 (총20획)
惜	아낄 석 忄부8획 (총11획)
旋	돌 선 方부7획 (총11획)
拾	주울 습, 열 십, 오를 섭 扌부6획 (총9획)

부서 [部署] 분할된 사무의 각 부문
석방 [釋放] 구속된 사람을 풀어 보냄
석연 [釋然] 미심쩍었던 것이 풀려 후련한 모양
석패 [惜敗] 작은 점수 차이로 아깝게 짐
선회 [旋回] 둘레를 빙글빙글 돎
습득 [拾得] 주워서 얻음

蘇	차조기 소 艹부16획 (총20획)
訴	하소연할 소 言부5획 (총12획)
疏	트일 소 疋부7획 (총12획)
刷	인쇄할 쇄 刂부6획 (총8획)
獸	짐승 수 犬부15획 (총19획)

소생 [蘇生] 죽어 가다가 다시 살아남
호소 [呼訴] 딱한 사정을 남에게 하소연함
소장 [訴狀] 소송을 위해 법원에 제출하는 서류
소외 [疏外] 사귀는 사이가 멀어짐
쇄신 [刷新] 묵은 것을 버리고 새롭게 함
인쇄 [印刷] 글이나 그림을 판에 박아 냄

9주 준3급 도전 53회

교정시간 | 10분 | 15분 | 20분 | 기타   분

▶ 한자교정선틀에서 비율과 크기에 맞게 써 봅시다.

輸	나를 수 車부9획 (총16획)
帥	장수 수, 거느릴 솔 巾부6획 (총9획)
殊	죽일 수 歹부6획 (총10획)
隨	따를 수 阝부13획 (총16획)
壽	목숨 수 士부11획 (총14획)

수송 [輸送] 운송수단으로 물건을 실어 보냄
수출 [輸出] 국내의 물건을 외국으로 팖
장수 [將帥] 군사를 통솔하는 우두머리
수훈 [殊勳] 뛰어난 공로
수행 [隨行] 따라서 감
수명 [壽命] 생명의 생존기간

愁	근심 수 心부9획 (총13획)
需	구할 수 雨부6획 (총14획)
淑	맑을 숙 氵부8획 (총11획)
熟	익을 숙 灬부11획 (총15획)
巡	돌 순 巛부4획 (총7획)

수심 [愁心] 근심하는 마음
향수 [鄕愁] 고향을 그리워하는 마음
수급 [需給] 수요와 공급
숙녀 [淑女] 정숙하고 예의와 교양 있는 여자
숙성 [熟成] 사물이 충분히 이루어짐
순방 [巡訪] 차례로 돌며 방문함

9주 글씨교정평가 보내기

1. 반드시 첨삭지도용을 보내서 매주 첨삭지도평가에 합격하고 다음 단계를 이수하여야 합니다.
2. 매주 첨삭지도용을 작성해서 팩스나 우편 또는 스캔, 디카, 휴대폰카메라 등을 이용한 회원은 홈페이지 고객센터로 첨부파일을 반드시 보내주시기 바랍니다.
3. 보내주신 첨삭지도용 글씨교정평가를 바른글씨 홈페이지 고객센터게시판에서 꼭 확인하시기 바랍니다.

교정시간 | 10분 | 15분 | 20분 | 기타 분

佳 아름다울 가 亻부6획 (총8획)

脚 다리 각 月부7획 (총11획)

閣 문설주 각 門부6획 (총14획)

較 견줄 교, 차이 각 車부6획 (총3획)

刊 책펴낼 간 刂부3획 (총5획)

般 옮길 반 舟부4획 (총10획)

飯 밥 반 食부4획 (총13획)

繁 번성할 번, 뱃대끈 반 糸부11획 (총17획)

排 물리칠 배 扌부8획 (총11획)

輩 무리 배 車부8획 (총15획)

첨삭지도평가
FAX:031-898-4663
glssi@naver.com

9주 글씨교정평가 보내기

1. 반드시 첨삭지도용을 보내서 매주 첨삭지도평가에 합격하고 다음 단계를 이수하여야 합니다.
2. 매주 첨삭지도용을 작성해서 팩스나 우편 또는 스캔, 디카, 휴대폰카메라 등을 이용한 회원은 홈페이지 고객센터로 첨부파일을 반드시 보내주시기 바랍니다.
3. 보내주신 첨삭지도용 글씨교정평가를 바른글씨 홈페이지 고객센터게시판에서 꼭 확인하시기 바랍니다.

교정시간 | 10분 | 15분 | 20분 | 기타 분

한자	무늬 문 糸부4획 (총10획)
한자	말 물, 털 몰 勹부2획 (총4획)
한자	작을 미 彳부10획 (총13획)
한자	닥칠 박 辶부5획 (총9획)
한자	얇을 박 ++부13획 (총17획)

한자	정성 간 心부13획 (총17획)
한자	간 간 月부3획 (총7획)
한자	줄기 간 干부10획 (총13획)
한자	거울 감 金부14획 (총22획)
한자	벼리 강 糸부8획 (총14획)

첨삭지도평가
FAX:031-898-4663
glssi@naver.com

특허한자교재 한자교정의 정석

10주

 글씨교정 성공을 위한 특허교재 활용법

1. 글씨교정을 반드시 성공하는 활용법
본 특허교재로 글씨교정을 성공하려면 반드시 매주 첨삭지도평가에 합격하고 다음 단계를 이수하여야 글씨교정성공의 결과물을 얻을 수 있습니다.

2. 매일 1~2시간 정도 꾸준히 글씨교정하기
불규칙적인 글씨교정연습은 글씨교정이 잘 되지 않아서 원상태의 악필로 되돌아 가는 원인이 됩니다.

10주 준3급 도전 55회

교정시간 | 10분 | 15분 | 20분 | 기타 　분

▶ 한자교정선들에서 비율과 크기에 맞게 써 봅시다.

旬	열흘 순 日부2획 (총6획)
瞬	눈깜짝일 순 目부12획 (총17획)
述	펼 술 辶부5획 (총9획)
襲	엄습할 습 衣부16획 (총22획)
僧	중 승 亻부12획 (총14획)

순일 [旬日] 음력 초열흘. 열흘 동안
순간 [瞬間] 극히 짧은 시간. 잠깐 동안
논술 [論述] 의견을 논리적으로 서술함
서술 [敍述] 순서를 차례대로 설명함
습격 [襲擊] 갑자기 덮침
동승 [童僧] 동자승. 어린이 중

乘	탈 승 丿부9획 (총10획)
昇	오를 승 日부4획 (총8획)
侍	모실 시 亻부6획 (총8획)
飾	꾸밀 식 食부5획 (총14획)
愼	삼갈 신 忄부10획 (총13획)

승차 [乘車] 차를 탐
승천 [昇天] 하늘로 올라감
승진 [昇進] 직위나 계급이 오름
시녀 [侍女] 시중을 드는 여자
식언 [飾言] 또는 거짓으로 꾸며서 하는 말
신중 [愼重] 매우 조심스럽게 행동함

45

10주 준3급 도전 55회

▶ 한자교정선틀에서 비율과 크기에 맞게 써 봅시다.

교정시간 | 10분 | 15분 | 20분 | 기타   분

審 살필 심 宀부12획 (총15획)

甚 심할 심 甘부4획 (총9획)

雙 쌍 쌍 隹부10획 (총18획)

我 나 아 戈부3획 (총7획)

雅 우아할 아 隹부4획 (총12획)

심판 [審判] 사건을 심의하거 판단함
심사 [審査] 자세히 조사하여 결정함
극심 [極甚] 몹시 심함

쌍방 [雙方] 양쪽
자아 [自我] 자기 자신
청아 [淸雅] 맑고 아름답고 우아함

亞 버금 아, 누를 압 二부6획 (총8획)

阿 언덕 아, 누구 옥 阝부5획 (총8획)

岸 언덕 안 山부5획 (총8획)

顔 얼굴 안 頁부9획 (총18획)

巖 바위 암 山부20획 (총23획)

아성 [亞聖] 성인 다음가는 현인
아역 [兒役] 연극이나 영화의 어린이 출연자
아부 [阿附] 남의 비위를 맞추어 알랑거림

안벽 [岸壁] 깎아지른 듯한 물가의 해안절벽
안면 [顔面] 얼굴
암벽 [巖壁] 높이 솟은 벽 모양의 바위

10주 준3급 도전 55회

교정시간 | 10분 | 15분 | 20분 | 기타 분

▶ 한자교정선틀에서 비율과 크기에 맞게 써 봅시다.

央	가운데 앙 大부2획 (총5획)
仰	우러를 앙 亻부4획 (총6획)
哀	슬플 애 口부6획 (총9획)
若	같을 약, 반야 야 艹부5획 (총9획)
壤	흙 양 土부17획 (총20획)

중앙 [中央] 중심이 되는 한가운데
신앙 [信仰] 믿고 귀의함
앙축 [仰祝] 우러러 축하함
애환 [哀歡] 슬픔과 기쁨
만약 [萬若] 만일. 혹시
토양 [土壤] 흙

揚	날릴 양 扌부9획 (총12획)
讓	사양할 양 言부17획 (총24획)
御	어거할 어 彳부8획 (총11획)
憶	생각할 억 忄부13획 (총16획)
抑	누를 억 扌부4획 (총7획)

선양 [宣揚] 명성이나 권위를 널리 떨치게 함
양보 [讓步] 사양하여 물러남
양도 [讓渡] 자기의 소유물을 남에게 넘겨 줌
제어 [制御] 억눌러서 제 마음대로 다룸
기억 [記憶] 잊지 않고 생각해 냄
억제 [抑制] 억눌러 그치게 함

47

10주 준3급 도전 55회

교정시간 | 10분 | 15분 | 20분 | 기타   분

▶ 한자교정선틀에서 비율과 크기에 맞게 써 봅시다.

譯	통변할 역 言부13획 (총20획)
役	부릴 역 彳부4획 (총7획)
驛	정거장 역 馬부13획 (총23획)
亦	또 역 亠부4획 (총6획)
宴	잔치 연 宀부7획 (총10획)

통역 [通譯] 뜻이 통하도록 말을 옮겨 줌
역술 [譯述] 번역하여 기술함
사역 [使役] 일을 시킴

역원 [驛員] 역무원
역시 [亦是] 마찬가지로. 또한
연회 [宴會] 여러 사람이 모여 베푸는 잔치

軟	부드러울 연 車부4 (총11획)
沿	따를 연 氵부5획 (총8획)
悅	기쁠 열 忄부7획 (총10획)
染	물들 염 木부5획 (총9획)
影	그림자 영 彡부12획 (총15획)

연약 [軟弱] 무르고 약함
연해 [沿海] 육지와 가까운 바다
연안 [沿岸] 강이나 바닷가가 이어진 육지

희열 [喜悅] 기쁨과 즐거움
오염 [汚染] 더럽게 물듦
영향 [影響] 다른 사물에 미치는 반응이나 변화

10주 준3급 도전 56회

교정시간 | 10분 | 15분 | 20분 | 기타   분

▶ 한자교정선틀에서 비율과 크기에 맞게 써 봅시다.

譽	기릴 예 言부14획 (총21획)
悟	깨달을 오 忄부7획 (총10획)
烏	까마귀 오 灬부6획 (총10획)
獄	옥 옥 犭부11획 (총14획)
慾	욕심 욕 心부11획 (총15획)

영예 [榮譽] 영광스러운 명예
각오 [覺悟] 도리를 깨달음
오합 [烏合] 질서가 없이 모임

감옥 [監獄] 죄인을 가두어 두는 곳
옥사 [獄死] 감옥에서 죽음
욕망 [慾望] 무엇을 하고자 하는 마음

欲	하고자할 욕 欠부7획 (총11획)
辱	욕될 욕 辰부3획 (총10획)
偶	짝 우 亻부9획 (총11획)
愚	어리석을 우 心부9획 (총13획)
憂	근심 우 心부11획 (총15획)

욕구 [欲求] 욕심을 내어 바라고 요구함
치욕 [恥辱] 수치와 모욕
설욕 [雪辱] 부끄러움을 씻음

우발 [偶發] 우연히 발생함
우롱 [愚弄] 남을 어리석게 웃음거리로 만듦
우려 [憂慮] 근심이 되어 걱정함

10주 준3급 도전 56회

교정시간 | 10분 | 15분 | 20분 | 기타   분

▶ 한자교정선틀에서 비율과 크기에 맞게 써 봅시다.

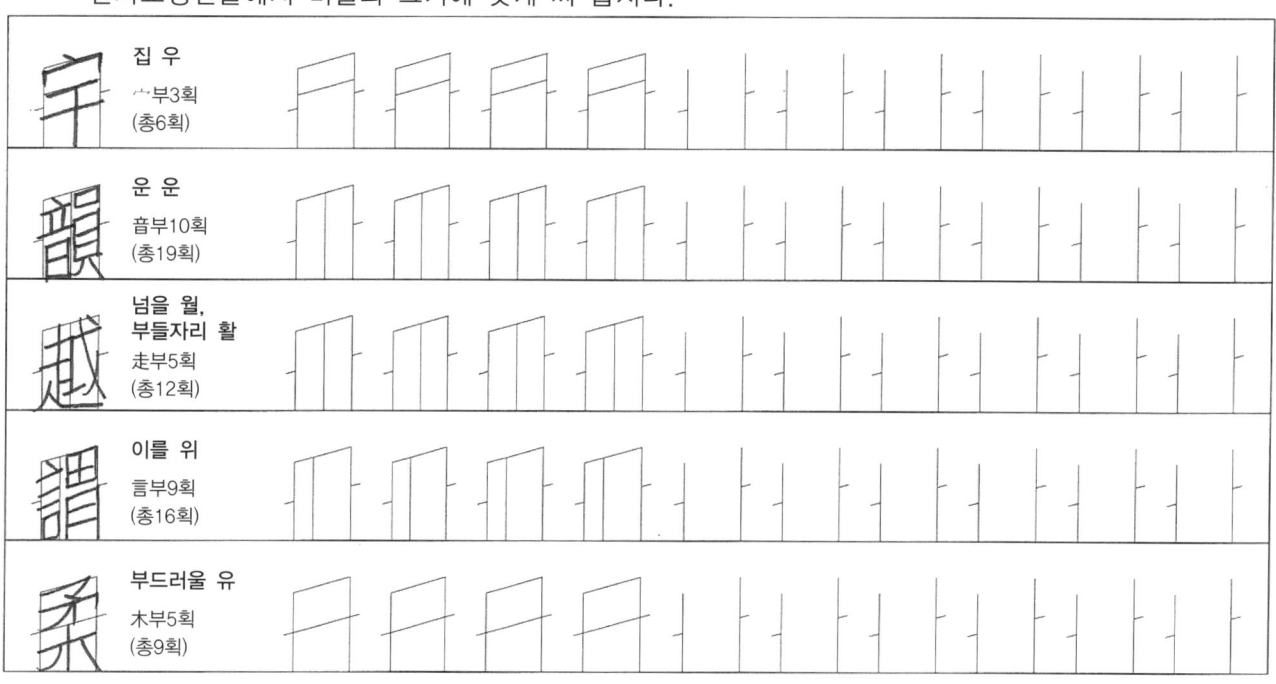

우주 [宇宙] 만물을 포용하고 있는 공간
음운 [音韻] 한자의 음과 운의 소리
월권 [越權] 자기 권한 밖의 일에 관여함

월등 [越等] 수준이나 실력이 훨씬 뛰어남
소위 [所謂] 이른바
유연 [柔軟] 부드럽고 연함

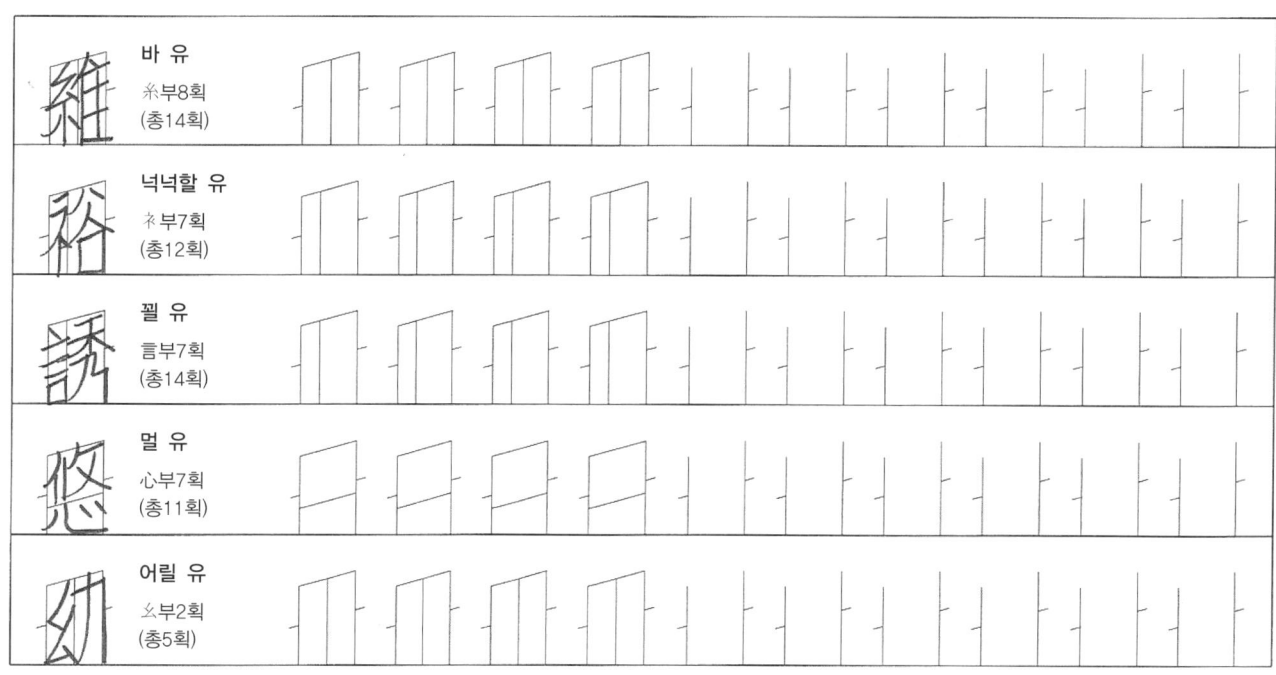

유지 [維持] 계속하여 지탱함
부유 [富裕] 재물이 많고 넉넉함
유인 [誘引] 남을 꾀어냄

유혹 [誘惑] 남을 꾀어서 정신을 어지럽게 함
유연 [悠然] 침착하고 여유가 있음
유아 [幼兒] 어린아이

10주 준3급 도전 56회

교정시간 | 10분 | 15분 | 20분 | 기타   분

▶ 한자교정선틀에서 비율과 크기에 맞게 써 봅시다.

幽	그윽할 유 幺부6획 (총9획)
猶	오히려 유 犭부9획 (총12획)
潤	윤택할 윤 氵부12획 (총15획)
乙	새 을 乙부0획 (총1획)
已	이미 이 己부0획 (총3획)

유취 [幽趣] 그윽한 풍취
유예 [猶豫] 일이나 날짜를 미룸
윤택 [潤澤] 윤기 있는 광택

윤활 [潤滑] 기름기나 물기가 있고 매끄러움
을축 [乙丑] 육십갑자의 둘째
이왕 [已往] 지금보다 이전

翼	날개 익 羽부11획 (총17획)
忍	참을 인 心부3획 (총획7획)
逸	잃을 일 辶부8획 (총12획)
壬	아홉째천간 임 士부1획 (총4획)
慈	사랑할 자 心부10획 (총14획)

좌익 [左翼] 급진적인 정치집단
인내 [忍耐] 괴로움이나 어려움을 참고 견딤
인고 [忍苦] 괴로움을 참음

안일 [安逸] 마음이 편안하고 한가로움
임자 [壬子] 육십갑자의 마흔아홉째
자애 [慈愛] 아랫사람에게 베푸는 사랑

10주 준3급 도전 56회

교정시간 | 10분 | 15분 | 20분 | 기타   분

▶ 한자교정선들에서 비율과 크기에 맞게 써 봅시다.

暫	잠시 잠 日부11획 (총15획)
潛	잠맥질할 잠 氵부12획 (총15획)
丈	어른 장 一부2획 (총3획)
掌	손바닥 장 手부9획 (총12획)
臟	오장 장 月부18획 (총22획)

잠시 [暫時] 짧은 시간
잠정 [暫定] 어떤 일을 잠깐 임시로 정함
잠수 [潛水] 물속으로 들어가 잠김

장인 [丈人] 아내의 아버지
장갑 [掌匣] 손에 끼는 물건
장기 [臟器] 내장의 여러 기관

莊	씩씩할 장 艹부7획 (총11획)
藏	감출 장 艹부14획 (총18획)
葬	장사지낼 장 艹부9획 (총13획)
粧	단장할 장 米부6획 (총12획)
裁	마를 재 衣부6획 (총12획)

장엄 [莊嚴] 웅장하며 위엄 있고 엄숙함
장서 [藏書] 책을 간직하여 둠
장례 [葬禮] 장사를 지내는 예식

화장 [火葬] 죽은 사람을 불에 살라 장사 지냄
단장 [丹粧] 화장. 곱게 꾸밈
재량 [裁量] 자기의 판단에 따라 일을 처리함

10주 준3급 도전 57회

교정시간 | 10분 | 15분 | 20분 | 기타 분

▶ 한자교정선틀에서 비율과 크기에 맞게 써 봅시다.

栽	심을 재 木부6획 (총10획)
載	실을 재, 일 대 車부6획 (총13획)
抵	거스를 저 扌부5획 (총7획)
著	나타날 저, 입을 착 艹부9획 (총13획)
笛	피리 적 竹부5획 (총11획)

재배 [栽培] 식물을 심어 가꿈 저항 [抵抗] 거역하거나 버팀
적재 [積載] 물건을 실음 저서 [著書] 책을 지음
기재 [記載] 문서에 기록하여 올림 적성 [笛聲] 피리 부는 소리

寂	고요할 적 宀부8획 (총11획)
跡	자취 적 足부11획 (총18획)
摘	딸 적 扌부11획 (총14획)
蹟	자취 적 足부11획 (총18획)
漸	차차 점 氵부11획 (총14획)

적막 [寂寞] 고요하고 쓸쓸함 고적 [古蹟] 옛날 건물이나 물건
궤적 [軌跡] 수레바퀴가 지나간 자국 사적 [史蹟] 역사적으로 중요한 시설의 자취
적발 [摘發] 숨겨져 있는 것을 들추어 냄 점진 [漸進] 순서대로 앞으로 나아감

10주 준3급 도전 57회

교정시간 10분 15분 20분 기타   분

▶ 한자교정선틀에서 비율과 크기에 맞게 써 봅시다.

	우물 정 二부2획 (총4획)
井	정자 정 亠부7획 (총9획)
亭	곧을 정 貝부2획 (총획9획)
貞	정수리 정 頁부2획 (총11획)
頂	깨끗할 정 氵부8획 (총11획)
淨	

정연 [井然] 질서 있게 잘 정돈된 모양
정자 [亭子] 경치가 좋은 곳에 지은 집
정절 [貞節] 여자의 굳은 절개
정숙 [貞淑] 여자의 행실이 곧고 마음씨가 맑음
정상 [頂上] 산꼭대기
정화 [淨化] 깨끗하게 함

廷	조정 정 廴부4획 (총7획)
征	칠 정 彳부5획 (총8획)
齊	가지런할 제, 재계 할 재, 옷자락 자 齊부0획 (총8획)
諸	모든 제, 김치 저 言부9획 (총16획)
兆	조 조 儿부4획 (총6획)

법정 [法廷] 재판을 심리하고 판결하는 방
정복 [征服] 정벌하여 복종시킴
제가 [齊家] 집안을 잘 다스림
제군 [諸君] 여러분
제반 [諸般] 여러 가지 모든 것
길조 [吉兆] 좋은 일이 있을 조짐

10주 준3급 도전 57회

교정시간 | 10분 | 15분 | 20분 | 기타 분

▶ 한자교정선틀에서 비율과 크기에 맞게 써 봅시다.

照	비출 조 灬부9획 (총13획)
縱	늘어질 종 糹부11획 (총17획)
坐	앉을 좌 土부4획 (총7획)
宙	집 주 宀부5획 (총8획)
洲	섬 주 氵부6획 (총9획)

조명 [照明] 불을 켜서 밝게 비춤
종단 [縱斷] 세로로 끊거나 길이로 자름
종렬 [縱列] 세로로 늘어선 줄
좌절 [挫折] 마음이나 기운이 꺾임
우주 [宇宙] 만물을 포함하고 있는 끝없는 공간
주도 [洲島] 섬

柱	기둥 주 木부5획 (총9획)
卽	곧 즉 卩부7획 (총9획)
曾	일찍 증 曰부8획 (총12획)
症	증세 증 疒부5획 (총10획)
蒸	찔 증 艹부10획 (총14획)

사주 [四柱] 사람이 태어난 연월일시의 네 간지
즉각 [卽刻] 당장에 곧
증손 [曾孫] 아들의 손자
증조 [曾祖] 할아버지의 아버지
증세 [症勢] 병을 앓을 때 나타나는 형세
증기 [蒸氣] 증발 또는 승화하여 생긴 기체

10주 준3급 도전 57회

교정시간 10분 15분 20분 기타 분

▶ 한자교정선틀에서 비율과 크기에 맞게 써 봅시다.

憎	미워할 증 忄부12획 (총15획)
之	갈 지 丿부3획 (총4획)
池	못 지 氵부3획 (총6획)
振	떨칠 진 扌부7획 (총10획)
陳	베풀 진 阝부8획 (총11획)

증오 [憎惡] 몹시 미워함
지자 [之子] 이 아이
지중 [池中] 못 가운데

진흥 [振興] 침체된 상태에서 떨쳐 일으킴
진동 [振動] 몹시 흔들려 움직임
진열 [陳列] 물건을 죽 벌여 놓음

辰	별 진, 별 신 辰부0획 (총7획)
鎭	누를 진, 메울 전 金부10획 (총18획)
疾	병 질 疒부5획 (총10획)
秩	차례 질 禾부5획 (총10획)
執	잡을 집 土부8획 (총12획)

일진 [日辰] 날의 간지. 그날의 운세
진정 [鎭靜] 마음을 차분하게 가라앉힘
진압 [鎭壓] 강압적인 억눌러 진정시킴

질병 [疾病] 몸의 온갖 병
질서 [秩序] 사물의 올바른 순서나 차례
집념 [執念] 한 가지 일에 마음을 쏟음

10주 준3급 도전 58회

교정시간 | 10분 | 15분 | 20분 | 기타   분

▶ 한자교정선틀에서 비율과 크기에 맞게 써 봅시다.

徵	부를 징, 음률이름 치 彳부12획 (총15획)
此	이 차 止부2획 (총6획)
贊	도울 찬 貝부12획 (총19획)
昌	창성할 창 日부4획 (총8획)
倉	곳집 창 人부8획 (총10획)

징수 [徵收] 거두어들임
징계 [懲戒] 허물을 뉘우치도록 나무람
피차 [彼此] 저것과 이것
찬성 [贊成] 옳다고 동의함
번창 [繁昌] 번화하게 왕성함
곡창 [穀倉] 곡식을 쌓아 두는 창고

蒼	푸를 창 ⺿부10획 (총14획)
菜	나물 채 ⺿부8획 (총12획)
彩	채색 채 彡부8획 (총11획)
策	꾀 책 竹부6획 (총11획)
妻	아내 처 女부5획 (총8획)

창공 [蒼空] 푸른 하늘
창백 [蒼白] 얼굴이 해쓱함
채소 [菜蔬] 밭에서 기르는 농작물
채색 [彩色] 여러 가지 고운 빛깔
대책 [對策] 대처할 계획이나 수단
처가 [妻家] 아내의 본집

10주 준3급 도전 58회

교정시간 | 10분 | 15분 | 20분 | 기타   분

▶ 한자교정선틀에서 비율과 크기에 맞게 써 봅시다.

尺	자 척 尸부1획 (총4획)
戚	겨레 척, 재촉할 촉 戈부7획 (총11획)
踐	밟을 천 足부8획 (총15획)
賤	천할 천 貝부8획 (총15획)
淺	얕을 천 氵부8획 (총11획)

척도 [尺度] 길이를 재는 기준
친척 [親戚] 친족과 외척
인척 [姻戚] 외가와 처가의 혈족

실천 [實踐] 실제로 몸소 해냄
천시 [賤視] 업신여겨 봄. 천하게 봄
천박 [淺薄] 학문이나 생각이 얕음

哲	밝을 철 口부7획 (총10획)
徹	통할 철 彳부12획 (총15획)
礎	주춧돌 초 石부13획 (총15획)
超	넘을 초 走부5획 (총12획)
肖	닮을 초 月부3획 (총7획)

철학 [哲學] 삶의 본질 따위를 연구하는 학문
철야 [徹夜] 밤을 새움
철저 [徹底] 밑바닥까지 꿰뚫음

초석 [礎石] 주춧돌
초월 [超越] 어떠한 한계나 표준을 넘음
초상 [肖像] 얼굴이나 모습을 똑같이 그리거나 새김

10주 준3급 도전 58회

교정시간 | 10분 | 15분 | 20분 | 기타   분

▶ 한자교정선틀에서 비율과 크기에 맞게 써 봅시다.

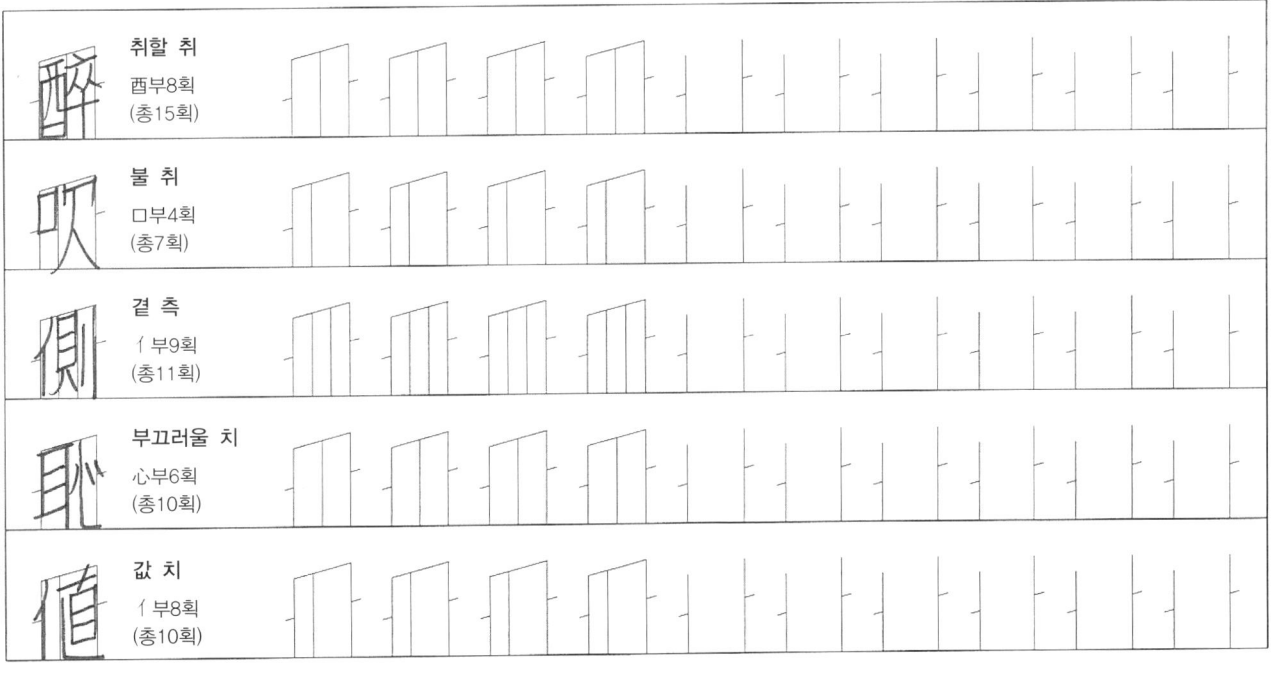

觸	닿을 촉	角부13획 (총20획)
促	재촉할 촉	亻부7획 (총9획)
催	재촉할 최	亻부11획 (총13획)
追	쫓을 추, 갈 퇴	辶부6획 (총10획)
衝	찌를 충	行부9획 (총15획)

촉감 [觸感] 촉각
촉박 [促迫] 기한이 바싹 가까움
감촉 [感觸] 외계의 자극에 닿는 느낌

최면 [催眠] 잠이 들게 함
추격 [追擊] 뒤쫓아 가서 침
충격 [衝擊] 마음에 느끼는 강한 자극

醉	취할 취	酉부8획 (총15획)
吹	불 취	口부4획 (총7획)
側	곁 측	亻부9획 (총11획)
恥	부끄러울 치	心부6획 (총10획)
値	값 치	亻부8획 (총10획)

취객 [醉客] 술에 취한 사람
숙취 [宿醉] 이튿날까지 깨지 않는 취기
고취 [鼓吹] 용기를 북돋움

측면 [側面] 옆면
수치 [羞恥] 부끄러움. 창피함
가치 [價値] 값어치. 재화의 중요정도

10주 준3급 도전 58회

교정시간 | 10분 | 15분 | 20분 | 기타 분

▶ 한자교정선틀에서 비율과 크기에 맞게 써 봅시다.

稚	어릴 치 禾부8획 (총13획)									
沈	잠길 침, 성 심 氵부4획 (총7획)									
拓	넓힐 척, 박을 탁 扌부5획 (총8획)									
塔	탑 탑 土부10획 (총13획)									
泰	클 태 氺부5획 (총10획)									

치졸 [稚拙] 유치하고 졸렬함
치어 [稚魚] 어린 물고기
침몰 [沈沒] 물속에 가라앉음

탁본 [拓本] 글씨나 그림을 그대로 종이에 찍어냄
석탑 [石塔] 돌로 쌓은 탑
태연 [泰然] 침착하여 그대로 있는 모양

殆	위태할 태 歹부5획 (총9획)									
澤	늪 택, 풀 석 氵부13획 (총16획)									
兎	토끼 토 儿부5획 (총7획)									
版	널 판 片부4획 (총8획)									
片	조각 편 片부0획 (총4획)									

위태 [危殆] 마음을 놓을 수 없을 만큼 위험함
혜택 [惠澤] 은혜와 덕택
토사 [兎絲] 새삼. 일년생의 기생 넝쿨 풀

판권 [版權] 출판을 맡는 사람에 대하여 설정하는 권리
판화 [版畫] 판에 찍어서 만든 그림
파편 [破片] 깨어지거나 부서진 조각

10주 준3급 도전 59회

교정시간 | 10분 | 15분 | 20분 | 기타   분

▶ 한자교정선틀에서 비율과 크기에 맞게 써 봅시다.

弊	해질 폐 廾부12획 (총15획)
肺	허파 폐, 성할 폐 月부4획 (총8획)
浦	개 포 氵부7획 (총10획)
楓	단풍나무 풍 木부9획 (총13획)
皮	가죽 피 皮부0획 (총5획)

폐해 [弊害] 폐단으로 생기는 손해
폐단 [弊端] 옳지 못한 경향이나 해로운 현상
폐병 [肺病] 폐에 관한 질병

포구 [浦口] 배가 드나드는 개의 어귀
풍엽 [楓葉] 단풍나무의 잎
피막 [皮膜] 겉껍질과 속껍질

彼	저 피 彳부5획 (총8획)
被	입을 피 衤부5획 (총10획)
畢	마칠 필 田부6획 (총11획)
賀	하례할 하 貝부5획 (총12획)
何	어찌 하, 꾸짖을 가 亻부5획 (총7획)

피차 [彼此] 저것과 이것
피해 [被害] 손해를 입음
피소 [被訴] 제소를 당함

필경 [畢竟] 마침내
하객 [賀客] 축하하는 손님
하필 [何必] 어찌하여 반드시

10주 준3급 도전 59회

교정시간 | 10분 | 15분 | 20분 | 기타 분

▶ 한자교정선틀에서 비율과 크기에 맞게 써 봅시다.

鶴	학 학 鳥부10획 (총21획)
割	나눌 할 刂부10획 (총12획)
含	머금을 함 口부4획 (총7획)
陷	빠질 함 阝부8획 (총11획)
項	항목 항 頁부3획 (총12획)

백학 [白鶴] 두루미
할부 [割賦] 분할해서 나누어 냄
할증 [割增] 일정한 값에 얼마를 더함

함유 [含有] 섞여 있거나 포함하고 있음
함몰 [陷沒] 물속이나 땅속에 빠짐
항목 [項目] 낱낱이 세분한 조목

恒	항상 항, 반달 긍 忄부6획 (총9획)
響	울림 향 音부13획 (총22획)
獻	바칠 헌 犬부16획 (총20획)
玄	검을 현 玄부0획 (총5획)
懸	매달 현 心부16획 (총20획)

항상 [恒常] 늘. 언제나 변함없이
음향 [音響] 물체에서 나는 소리와 그 울림
헌납 [獻納] 물건을 바침

헌신 [獻身] 전력을 바쳐 있는 힘을 다함
현미 [玄米] 벼의 겉껍질만 벗긴 쌀
현안 [懸案] 해결되지 않은 채 남아 있는 안건

10주 준3급 도전 59회

교정시간 10분 15분 20분 기타   분

▶ 한자교정선틀에서 비율과 크기에 맞게 써 봅시다.

	위협할 협 月부6획 (총10획)								
	슬기로울 혜 心부11획 (총15획)								
	넓을 호 氵부7획 (총10획)								
	오랑캐 호 月부5획 (총9획)								
	범 호 虍부2획 (총8획)								

협박 [脅迫] 으르고 대어듦
혜안 [慧眼] 사물을 꿰뚫어 보는 안목과 식견
위협 [威脅] 힘으로 으르고 협박함

호연 [浩然] 넓고 큰 꼴
호란 [胡亂] 병자호란
비호 [飛虎] 아주 빠르고 민첩함

	호걸 호 豕부7획 (총14획)								
	미혹할 혹 心부8획 (총12획)								
	넋 혼 鬼부4획 (총14획)								
	소홀히할 홀 心부4획 (총8획)								
	넓을 홍 氵부6획 (총9획)								

호걸 [豪傑] 지혜와 용기가 있는 사람
호우 [豪雨] 매우 심하게 많이 오는 비
유혹 [誘惑] 꾀어서 정신을 혼미하게 함

혼령 [魂靈] 영혼
소홀 [疏忽] 탐탁하지 않고 범연하게 대함
홍수 [洪水] 장마로 범람하는 큰물

10주 준3급 도전 59회

교정시간 | 10분 | 15분 | 20분 | 기타   분

▶ 한자교정선틀에서 비율과 크기에 맞게 써 봅시다.

禍	재앙 화 示부9획 (총14획)
換	바꿀 환 扌부9획 (총12획)
還	돌아올 환, 돌 선 辶부13획 (총17획)
皇	임금 황 白부4획 (총9획)
懷	품을 회 忄부16획 (총19획)

화근 [禍根] 재앙의 근원
환전 [換錢] 환표로 보내는 돈
환치 [換置] 바꾸어 놓음

반환 [返還] 도로 되돌려 줌
황천 [皇天] 크고 넓은 하늘
회포 [懷抱] 마음속에 품은 생각

悔	뉘우칠 회 忄부7획 (총10획)
獲	얻을 획 犭부14획 (총17획)
劃	새길 획 刂부12획 (총14획)
橫	가로 횡 木부12획 (총16획)
稀	드물 희 禾부7획 (총12획)

회개 [悔改] 잘못을 뉘우치고 고침
획득 [獲得] 손에 넣음
획책 [劃策] 꾸미거나 꾀함

획순 [畫順] 글씨를 쓸 때 획을 긋는 순서
횡단 [橫斷] 가로지름
희귀 [稀貴] 매우 드물고 진귀함

10주 글씨교정평가 보내기

1. 반드시 첨삭지도용을 보내서 매주 첨삭지도평가에 합격하고 다음 단계를 이수하여야 합니다.
2. 매주 첨삭지도용을 작성해서 팩스나 우편 또는 스캔, 디카, 휴대폰카메라 등을 이용한 회원은 홈페이지 고객센터로 첨부파일을 반드시 보내주시기 바랍니다.
3. 보내주신 첨삭지도용 글씨교정평가를 바른글씨 홈페이지 고객센터게시판에서 꼭 확인하시기 바랍니다.

교정시간 | 10분 | 15분 | 20분 | 기타 분

- 열흘 순 / 日부2획 / (총6획)
- 눈깜짝일 순 / 目부12획 / (총17획)
- 펼 술 / 辶부5획 / (총9획)
- 엄습할 습 / 衣부16획 / (총22획)
- 중 승 / 亻부12획 / (총14획)

- 위태할 태 / 歹부5획 / (총9획)
- 늪 택, 풀 석 / 氵부13획 / (총16획)
- 토끼 토 / 儿부5획 / (총7획)
- 널 판 / 片부4획 / (총8획)
- 조각 편 / 片부0획 / (총4획)

첨삭지도평가
FAX:031-898-4663
glssi@naver.com

10주 글씨교정평가 보내기

1. 반드시 첨삭지도용을 보내서 매주 첨삭지도평가에 합격하고 다음 단계를 이수하여야 합니다.
2. 매주 첨삭지도용을 작성해서 팩스나 우편 또는 스캔, 디카, 휴대폰카메라 등을 이용한 회원은 홈페이지 고객센터로 첨부파일을 반드시 보내주시기 바랍니다.
3. 보내주신 첨삭지도용 글씨교정평가를 바른글씨 홈페이지 고객센터게시판에서 꼭 확인하시기 바랍니다.

교정시간 | 10분 | 15분 | 20분 | 기타 분

稚	어릴 치 禾부8획 (총13획)
沈	잠길 침, 성 심 氵부4획 (총7획)
拓	넓힐 척, 박을 탁 扌부5획 (총8획)
塔	탑 탑 土부10획 (총13획)
泰	클 태 氺부5획 (총10획)

乘	탈 승 丿부9획 (총10획)
昇	오를 승 日부4획 (총8획)
侍	모실 시 亻부6획 (총8획)
飾	꾸밀 식 食부5획 (총14획)
愼	삼갈 신 忄부10획 (총13획)

첨삭지도평가
FAX:031-898-4663
glssi@naver.com

특허한자교정으로 바로잡는
한자 교정의 정석

11주

 글씨교정 성공을 위한 특허교재 활용법

1. **글씨교정을 반드시 성공하는 활용법**
   본 특허교재로 글씨교정을 성공하려면 반드시 매주 첨삭지도평가에 합격하고 다음 단계를 이수하여야 글씨교정성공의 결과물을 얻을 수 있습니다.

2. **매일 1~2시간 정도 꾸준히 글씨교정하기**
   불규칙적인 글씨교정연습은 글씨교정이 잘 되지 않아서 원상태의 악필로 되돌아 가는 원인이 됩니다.

11주 3급 도전 61회

교정시간 | 10분 | 15분 | 20분 | 기타   분

▶ 한자교정선틀에서 비율과 크기에 맞게 써 봅시다.

架	시렁 가 木부5획 (총9획)
却	물리칠 각 卩부5획 (총7획)
姦	간사할 간 女부6획 (총9획)
渴	목마를 갈 氵부9획 (총12획)
鋼	강철 강 金부8획 (총16획)

가공 [架空] 공중에 시설물을 가설함
가설 [架設] 건너질러 전선이나 다리를 설치함
각설 [却說] 다른 이야기로 화제를 돌림
간통 [姦通] 결혼한 사람이 남과 성적관계를 맺음
갈증 [渴症] 몹시 목이 마른 상태
강재 [鋼材] 강철을 제련할 때 생기는 재료

皆	다 개 白부4획 (총9획)
慨	분개할 개 忄부11획 (총14획)
蓋	덮을 개, 성 갑, 이엉덮을 합, 艹부10획 (총14획)
乞	빌 걸 乙부2획 (총3획)
隔	막을 격 阝부10획 (총13획)

개근 [皆勤] 하루도 빠짐없이 출근함
개탄 [慨嘆] 분하게 여겨 탄식함
개연 [蓋然] 확실하지 않으나 그럴 것 같은 모양
걸식 [乞食] 음식 따위를 빌어먹음
걸신 [乞神] 음식을 지나치게 탐내는 욕심
격차 [隔差] 동떨어진 수준의 차이

11주 3급 도전 61회

교정시간 | 10분 | 15분 | 20분 | 기타 분

▶ 한자교정선틀에서 비율과 크기에 맞게 써 봅시다.

牽	끌 견 牛부7획 (총11획)
遣	보낼 견 辶부10획 (총14획)
肩	어깨 견 月부4획 (총8획)
絹	명주 견 糸부7획 (총13획)
竟	다할 경 立부6획 (총11획)

견인 [牽引] 끌어당김
견제 [牽制] 자기 쪽에 끌어서 얽어매거나 제한함
파견 [派遣] 임무를 주어 사람을 보냄
비견 [比肩] 어깨를 나란히 하여 우열이 없음
생견 [生絹] 생사로 짠 비단
필경 [畢竟] 마침내

卿	벼슬 경 卩부10획 (총12획)
庚	일곱째천간 경 广부5획 (총8획)
硬	굳을 경 石부7획 (총12획)
徑	지름길 경 彳부7획 (총10획)
桂	계수나무 계 木부6획 (총10획)

공경 [公卿] 삼공과 구경
경오 [庚午] 육십갑자의 일곱째
경직 [硬直] 뻣뻣하게 굳음
경도 [硬度] 단단함과 무른 정도
직경 [直徑] 원의 지름
계피 [桂皮] 계수나무 껍질

11주 3급 도전 61회

교정시간 | 10분 | 15분 | 20분 | 기타 분

▶ 한자교정선틀에서 비율과 크기에 맞게 써 봅시다.

繫	맬 계 糸부13획 (총19획)
癸	열째천간 계 癶부4획 (총9획)
顧	돌아볼 고 頁부12획 (총21획)
枯	마를 고 木부5획 (총9획)
坤	땅 곤 土부5획 (총8획)

연계 [連繫] 따라 맴
계해 [癸亥] 육십갑자의 예순째
고문 [顧問] 의견을 물음

고객 [顧客] 물건을 팔아주는 손님
고엽 [枯葉] 마른 잎
건곤 [乾坤] 하늘과 땅

郭	성곽 곽 ⻏부8획 (총11획)
狂	미칠 광 犭부4획 (총7획)
掛	걸 괘 扌부8획 (총11획)
愧	부끄러워할 괴 忄부10획 (총13획)
塊	흙덩이 괴 土부10획 (총13획)

성곽 [城郭] 내성과 외성을 이르는 말
열광 [熱狂] 너무 좋아 미친 듯이 날뜀
괘도 [掛圖] 벽에 걸어놓고 보는 그림이나 지도

괘종 [掛鐘] 벽에 걸어놓는 시계
괴치 [愧恥] 부끄러워함
토괴 [土塊] 흙덩이

11주 3급 도전 61회

교정시간 | 10분 | 15분 | 20분 | 기타   분

▶ 한자교정선틀에서 비율과 크기에 맞게 써 봅시다.

矯 바로잡을 교
木부12획
(총17획)

郊 성밖 교
阝부6획
(총9획)

糾 꼴 규
糸부2획
(총8획)

懼 두려워할 구
忄부18획
(총21획)

苟 진실로 구
艹부5획
(총9획)

교정 [矯正] 잘못된 것을 바로잡음
교각 [橋脚] 다리의 몸체를 받치는 기둥
교외 [郊外] 도시의 주변 지역의 들판
규합 [糾合] 세력이나 사람을 모음
의구 [疑懼] 의심하고 두려워함
구차 [苟且] 궁색스럽고 떳떳하지 못함

驅 몰 구
馬부11획
(총21획)

俱 함께 구
亻부8획
(총10획)

丘 언덕 구
一부4획
(총5획)

狗 개 구
犭부5획
(총8획)

厥 그 궐
厂부10획
(총12획)

구박 [驅迫] 못 견디게 몹시 굶
구보 [驅步] 달음박질, 달리기
구존 [俱存] 부모가 모두 살아 계심
구릉 [丘陵] 언덕
황구 [黃狗] 털이 누른 개
궐명 [厥明] 다음 날 날이 밝을 무렵

11주 3급 도전 62회

교정시간 | 10분 | 15분 | 20분 | 기타   분

▶ 한자교정선틀에서 비율과 크기에 맞게 써 봅시다.

軌	수레바퀴 궤 車부2획 (총9획)
龜	거북 귀, 터질 균, 나라이름 구 龜부0획 (총16획)
叫	부르짖을 규 口부2획 (총5획)
菌	버섯 균 艹부8획 (총12획)
斤	도끼 근 斤부0획 (총4획)

궤범 [軌範] 본보기가 될 규범이나 법도
귀갑 [龜甲] 육각형 무늬나 모양
귀감 [龜鑑] 본보기가 될 만한 일

절규 [絶叫] 힘을 다하여 부르짖음
세균 [細菌] 단세포의 가장 미세한 식물
근량 [斤量] 저울로 단 무게

謹	삼갈 근 言부11획 (총18획)
僅	겨우 근 亻부11획 (총13획)
吟	읊을 음, 입다물 금 口부4획 (총7획)
肯	옳이여길 긍 月부4획 (총8획)
騎	말탈 기 馬부8획 (총18획)

근조 [謹弔] 삼가 슬픈 마음을 나타냄
근신 [謹愼] 언행이나 행동을 삼가고 조심함
근엄 [謹嚴] 조심성 있고 엄숙함

음영 [吟詠] 시가를 읊음
긍정 [肯定] 그렇다고 인정함
기수 [騎手] 말을 타는 사람

11주 3급 도전 62회

교정시간 10분 15분 20분 기타 분

▶ 한자교정선틀에서 비율과 크기에 맞게 써 봅시다.

飢	주릴 기 食부2획 (총11획)										
欺	속일 기 欠부8획 (총12획)										
幾	몇 기 幺부9획 (총12획)										
忌	꺼릴 기 心부3획 (총7획)										
棄	버릴 기 木부8획 (총12획)										

기아 [飢餓] 굶주림
기만 [欺瞞] 남을 그럴 듯하게 속여 넘김
기근 [飢饉] 흉년으로 굶주림

기미 [幾微] 낌새. 앞날에 대한 막연한 예상
기일 [忌日] 사람이 죽은 날. 제삿날
기각 [棄却] 타당성이 없다고 취급하지 않음

豈	어찌 기, 개가 개 豆부3획 (총10획)										
枝	가지 지, 육손이 기 木부4획 (총8획)										
旣	이미 기, 쌀 희 无부7획 (총11획)										
那	어찌 나 阝부4획 (총7획)										
乃	이에 내 丿부1획 (총2획)										

기감 [豈敢] 어찌 감히
지엽 [枝葉] 식물의 가지와 잎
기존 [旣存] 이미 있는 것

나락 [那落] 구원할 수없는 절망적인 상황
내지 [乃至] 또는. 사이
기지 [枝指] 육손이

11주 3급 도전 62회

교정시간 10분 15분 20분 기타   분

▶ 한자교정선들에서 비율과 크기에 맞게 써 봅시다.

奈	어찌 내, 어찌 나 大부5획 (총8획)
攝	당길 섭, 고요할 녑 扌부18획 (총21획)
惱	괴로워 할 뇌 忄부9획 (총12획)
泥	진흙 니(이) 氵부5획 (총8획)
敦	도타울 돈, 모일 단 攴부8획 (총12획)

내하 [奈何] 어찌함을 나타냄
섭정 [攝政] 임금을 대신하여 나라를 다스림
섭취 [攝取] 영양분을 빨아들임

고뇌 [苦惱] 괴로워하고 번뇌함
이토 [泥土] 진흙
돈독 [敦篤] 인정이 두터움

畓	논 답 田부4획 (총9획)
糖	사탕 당 米부10획 (총16획)
貸	빌릴 대 貝부5획 (총12획)
跳	뛸 도 足부6획 (총13획)
倒	넘어질 도 亻부8획 (총10획)

답곡 [畓穀] 벼
당분 [糖分] 설탕의 성분
과당 [果糖] 단 과일 속에 들어 있는 감미

대출 [貸出] 꾸어 주기로 하고 빌려줌
도약 [跳躍] 더 높은 단계로 발전함
도괴 [倒壞] 넘어뜨리거나 무너뜨림

11주 3급 도전 62회

교정시간 | 10분 | 15분 | 20분 | 기타   분

▶ 한자교정선들에서 비율과 크기에 맞게 써 봅시다.

| 桃 | 복숭아나무 도
木부6획
(총10획) | | | | | | | | | | |

| 渡 | 건널 도
氵부9획
(총12획) | | | | | | | | | | |

| 稻 | 벼 도
禾부10획
(총15획) | | | | | | | | | | |

| 塗 | 진흙 도
土부10획
(총13획) | | | | | | | | | | |

| 挑 | 돋울 도, 가릴 조
扌부6획
(총9획) | | | | | | | | | | |

홍도 [紅桃] 홍도나무
도미 [渡美] 미국으로 건너감
도전 [稻田] 벼를 심는 논밭

도벽 [塗壁] 흙을 바름
도장 [塗裝] 칠하거나 바름
도발 [挑發] 상대를 시비를 걸어 자극함

| 篤 | 도타울 독
竹부10획
(총16획) | | | | | | | | | | |

| 豚 | 돼지 돈
豕부4획
(총11획) | | | | | | | | | | |

| 凍 | 얼 동
冫부8획
(총10획) | | | | | | | | | | |

| 鈍 | 무딜 둔
金부4획
(총12획) | | | | | | | | | | |

| 屯 | 진칠 둔
屮부1획
(총4획) | | | | | | | | | | |

독실 [篤實] 인정이 두텁고 성실함
양돈 [養豚] 돼지를 기름
돈육 [豚肉] 돼지고기

동상 [凍傷] 살갗이 얼어서 상하는 증상
주둔 [駐屯] 군대가 어떤 지역에 머무르는 것
둔감 [鈍感] 감각이 예민하지 못함

11주 3급 도전 63회

교정시간 | 10분 | 15분 | 20분 | 기타 분

▶ 한자교정선틀에서 비율과 크기에 맞게 써 봅시다.

騰	오를 등 馬부10획 (총20획)
刺	찌를 자 刂부6획 (총8획)
濫	넘칠 람(남) 氵부14획 (총17획)
掠	노략질할 략(약) 扌부8획 (총11획)
諒	믿을 량(양) 言부8획 (총15획)

폭등 [暴騰] 갑자기 물가가 큰 폭으로 오름
등락 [騰落] 가격이 오르고 내림
자극 [刺戟] 외부에서 작용을 주어 반응이 일어남
남발 [濫發] 함부로 마구 발행함
약탈 [掠奪] 폭력을 써서 남의 것을 빼앗음
양해 [諒解] 사정을 잘 헤아려 너그럽게 이해함

梁	들보 량(양) 木부7획 (총11획)
憐	불쌍히여길 련(연) 忄부12획 (총15획)
蓮	연꽃 련(연) 艹부11획 (총15획)
裂	찢을 렬(열) 衣부6획 (총12획)
劣	못할 렬(열) 力부4획 (총6획)

어량 [魚梁] 물고기를 잡는 장치
연민 [憐憫] 불쌍하고 가련하게 여김
연화 [蓮花] 연꽃
파열 [破裂] 깨지거나 갈라짐
열악 [劣惡] 품질이 떨어지고 나쁨
열세 [劣勢] 상대편보다 힘이나 세력이 못함

11주 3급 도전 63회

교정시간 | 10분 | 15분 | 20분 | 기타   분

▶ 한자교정선틀에서 비율과 크기에 맞게 써 봅시다.

廉	청렴할 렴(염) 广부10획 (총13획)
獵	사냥할 렵(엽) 犭부15획 (총18획)
零	떨어질 령(영) 雨부5획 (총13획)
隸	종 례(예) 隶부8획 (총16획)
鹿	사슴 록(녹) 鹿부0획 (총11획)

염치 [廉恥] 부끄러움을 아는 마음
염가 [廉價] 시세보다 값이 아주 쌈
엽사 [獵師] 사냥꾼
영락 [零落] 시들어 떨어짐. 보잘것없이 됨
예속 [隸屬] 남의 지배 아래 있음
녹용 [鹿茸] 보약으로 쓰는 사슴의 연한 뿔

祿	복 록(녹) 示부8획 (총13획)
雷	우레 뢰(뇌) 雨부5획 (총13획)
僚	동료 료(요) 亻부12획 (총14획)
了	마칠 료(요) 亅부1획 (총2획)
漏	샐 루(누) 氵부11획 (총14획)

녹봉 [祿俸] 벼슬아치에게 나누어 주던 금품
뇌관 [雷管] 화약을 점화하는 발화장치
뇌성 [雷聲] 천둥소리
동료 [同僚] 같은 곳에서 같은 일을 하는 사람
종료 [終了] 일을 마침
탈루 [脫漏] 밖으로 빠져나가 새는 것

11주 3급 도전 63회

교정시간 | 10분 | 15분 | 20분 | 기타   분

▶ 한자교정선틀에서 비율과 크기에 맞게 써 봅시다.

浪	눈물 루 (누) 氵부8획 (총11획)
屢	자주 루(누) 尸부11획 (총14획)
累	묶을 루 糸부5획 (총11획)
梨	배나무 리(이) 木부7획 (총11획)
隣	이웃 린(인) 阝부12획 (총15획)

누락 [漏落] 기록이나 수효에서 빠짐
누설 [漏洩] 비밀이 샘
누차 [屢次] 여러 차례
누적 [累積] 쌓이고 쌓임
이화 [梨花] 배나무의 꽃
인접 [隣接] 이웃하고 있음

磨	갈 마 石부11획 (총16획)
麻	삼 마 麻부0획 (총11획)
慢	게으름 만 忄부11획 (총14획)
漫	질펀한 만 氵부11획 (총14획)
忘	잊을 망 心부3획 (총7획)

마의 [麻衣] 삼베 옷
마약 [麻藥] 마취 작용의 약
연마 [硏磨] 학문이나 기술을 배우고 닦음
거만 [倨慢] 잘난 체하고 남을 업신여김
만연 [漫然] 목표 없이 되는대로 하는 태도
망각 [忘却] 잊어버림

11주 3급 도전 63회

교정시간 | 10분 | 15분 | 20분 | 기타   분

▶ 한자교정선틀에서 비율과 크기에 맞게 써 봅시다.

忙	바쁠 망 忄부3획 (총6획)
罔	그물 망 罓부4획 (총8획)
茫	아득할 망 艹부6획 (총10획)
埋	묻을 매 土부7획 (총10획)
媒	중매 매 女부9획 (총12획)

다망 [多忙] 몹시 바쁨
망측 [罔測] 이치에 맞지 않아 해괴함
망막 [茫漠] 넓고 멂

매몰 [埋沒] 파묻힘
매장 [埋葬] 시체를 땅속에 묻음
매개 [媒介] 중간에서 서로의 관계를 맺어줌

麥	보리 맥 麥부0획 (총11획)
免	면할 면, 해산할 문 儿부5획 (총7획)
冥	어두울 명 冖부8획 (총10획)
侮	업신여길 모 亻부7획 (총9획)
暮	저물 모 日부11획 (총15획)

맥주 [麥酒] 보리로 만든 술
면역 [免疫] 병에 저항력을 가지는 일
면책 [免責] 책임을 면함

명복 [冥福] 죽은 뒤의 행복
모욕 [侮辱] 깔보고 욕되게 함
세모 [歲暮] 한 해가 저무는 무렵

11주 3급 도전 64회

교정시간 | 10분 | 15분 | 20분 | 기타 분

▶ 한자교정선들에서 비율과 크기에 맞게 써 봅시다.

募	모을 모	日부11획 (총13획)
某	아무 모	木부5획 (총9획)
冒	무릅쓸 모	冂부7획 (총9획)
卯	토끼 묘	卩부3획 (총5획)
苗	싹 묘	++부5획 (총9획)

모집 [募集] 널리 알려서 희망자를 뽑음
모병 [募兵] 병사를 모집함
모년 [某年] 아무 해
모독 [冒瀆] 더럽혀 욕되게 함
묘월 [卯月] 음력 이월
묘목 [苗木] 어린나무

廟	사당 묘	广부12획 (총15획)
霧	안개 무	雨부11획 (총19획)
戊	다섯째천간 무	戈부1획 (총5획)
墨	먹 묵	土부12획 (총15획)
尾	꼬리 미	尸부4획 (총7획)

종묘 [宗廟] 역대 임금을 모시던 사당
무산 [霧散] 안개가 걷히면서 깨끗이 없어짐
무자 [戊子] 육십갑자의 스물다섯째
묵향 [墨香] 먹에서 나는 향기로운 냄새
묵화 [墨畫] 먹물로 그린 그림
미행 [尾行] 몰래 뒤를 밟음

11주 3급 도전 64회

교정시간 | 10분 | 15분 | 20분 | 기타   분

▶ 한자교정선틀에서 비율과 크기에 맞게 써 봅시다.

眉	눈썹 미 尸부4획 (총9획)
迷	미혹할 미 辶부6획 (총10획)
敏	민첩할 민 攵부7획 (총11획)
憫	근심할 민 忄부12획 (총15획)
蜜	꿀 밀 虫부8획 (총14획)

미간 [眉間] 두 눈썹의 사이
미아 [迷兒] 길이나 집을 잃은 아이
미신 [迷信] 그릇된 신앙을 잘못 믿음
민첩 [敏捷] 재빠르고 날쌤
민망 [憫惘] 답답하고 딱하여 걱정스러움
밀봉 [蜜蜂] 꿀벌

泊	배댈 박 氵부5획 (총8획)
返	돌아올 반 辶부4획 (총8획)
叛	배반할 반 又부7획 (총9획)
伴	짝 반 亻부5획 (총7획)
盤	소반 반 皿부10획 (총15획)

정박 [碇泊] 배가 닻을 내리고 머무름
반환 [返還] 도로 되돌려 줌
반송 [返送] 되돌려 보냄
배반 [背叛] 신의를 저버림
반려 [伴侶] 짝이 되는 벗
반석 [盤石] 넓고 편편한 큰 돌

11주 3급 도전 64회

교정시간 | 10분 | 15분 | 20분 | 기타   분

▶ 한자교정선틀에서 비율과 크기에 맞게 써 봅시다.

拔	뽑을 발 扌부5획 (총8획)
傍	곁 방 亻부10획 (총12획)
倣	본받을 방 亻부8획 (총10획)
邦	나라 방 阝부4획 (총7획)
芳	꽃다울 방 艹부4획 (총8획)

발췌 [拔萃] 중요한 부분만 요점을 뽑음
발탁 [拔擢] 여러 사람 가운데 사람을 뽑아 씀
방관 [傍觀] 직접 관여하지 않고 곁에서 보기만 함

모방 [模倣] 본뜨거나 흉내 냄
이방 [異邦] 다른 나라. 외국
방년 [芳年] 20세 전후의 꽃다운 젊은 나이

杯	잔 배 木부4획 (총8획)
飜	뒤칠 번 飛부12획 (총21획)
煩	괴로워할 번 火부9획 (총13획)
辨	분별할 변 辛부9획 (총16획)
屛	병풍 병 尸부8획 (총11획)

고배 [苦杯] 쓴 술잔. 쓰라린 경험
번의 [飜意] 결심을 먹었던 마음을 뒤집음
번뇌 [煩惱] 마음이 시달려 괴로움

번잡 [煩雜] 번거롭고 어수선함
변별 [辨別] 사물의 시비를 가림
병풍 [屛風] 바람을 막기 위한 물건

83

11주 3급 도전 64회

교정시간 10분 15분 20분 기타   분

▶ 한자교정선틀에서 비율과 크기에 맞게 써 봅시다.

竝	아우를 병 立부5획 (총10획)
譜	계보 보 言부12획 (총19획)
覆	엎어질 복 襾12부획 (총18획)
卜	점 복 卜부0획 (총2획)
蜂	벌 봉 虫부7획 (총13획)

병행 [竝行] 둘 가지 일을 한꺼번에 행함
병합 [倂合] 합병. 하나로 합침
족보 [族譜] 한 집안의 계통과 혈통 관계

복면 [覆面] 얼굴을 보이지 않게 가림
복채 [卜債] 점을 쳐 준 값으로 주는 돈
봉침 [蜂針] 바늘 꼴의 벌 산란관

鳳	봉새 봉 鳥부3획 (총14획)
腐	썩을 부 肉부8획 (총14획)
赴	나아갈 부 走부2획 (총9획)
賦	부세 부 貝부8획 (총15획)
墳	무덤 분 土부12획 (총15획)

봉황 [鳳凰] 상서로운 상상의 새
봉덕 [鳳德] 성인군자의 덕
부식 [腐蝕] 썩어 들어감

부임 [赴任] 새로 맡겨진 곳으로 떠남
부과 [賦課] 세금 따위를 부담하게 함
봉분 [封墳] 흙을 쌓아 올려 무덤을 만듦

11주 3급 도전 65회

교정시간 10분 15분 20분 기타   분

▶ 한자교정선틀에서 비율과 크기에 맞게 써 봅시다.

拂	떨칠 불 扌부5획 (총8획)
崩	무너질 붕 山부8획 (총11획)
朋	벗 붕 月부4획 (총8획)
賓	손 빈 貝부7획 (총14획)
頻	자주 빈 頁부7획 (총16획)

불식 [拂拭] 말끔하게 치워 없앰
붕괴 [崩壞] 허물어져 무너짐
붕우 [朋友] 벗

빈객 [賓客] 손님
빈번 [頻繁] 매우 잦음
빈발 [頻發] 일이 자주 일어남

聘	부를 빙 耳부7획 (총13획)
似	같을 사 亻부5획 (총7획)
賜	줄 사 貝부8획 (총15획)
巳	뱀 사 己부0획 (총3획)
捨	버릴 사 扌부8획 (총11획)

빙장 [聘丈] 장인
초빙 [招聘] 예를 갖추어 불러 맞아들임
유사 [類似] 서로 비슷함

하사 [下賜] 임금이 신하에게 물건을 줌
사시 [巳時] 오전9시부터 11시까지의 동안
취사 [取捨] 취할 것은 취하고 버릴 것은 버림

85

11주 3급 도전 65회

교정시간 | 10분 | 15분 | 20분 | 기타   분

▶ 한자교정선틀에서 비율과 크기에 맞게 써 봅시다.

詐	속일 사 言부5획 (총12획)
斯	이 사, 천할 시 斤부8획 (총12획)
斜	비낄 사 斗부7획 (총11획)
蛇	뱀 사, 구불구불갈 이 虫부5획 (총11획)
朔	초하루 삭 月부6획 (총10획)

사기 [詐欺] 나쁜 꾀로 남을 속임
사문 [斯文] 유교의 도나 문화를 일컬음
사선 [斜線] 비스듬히 그은 줄. 빗금

사양 [斜陽] 해질 무렵에 비스듬히 기우는 해
독사 [毒蛇] 독이 있는 뱀
삭일 [朔日] 음력으로 매월 초하룻날

削	깎을 삭 刂부7획 (총9획)
償	갚을 상 亻부15획 (총17획)
祥	상서로울 상 示부6획 (총11획)
嘗	맛볼 상 口부11획 (총14획)
桑	뽕나무 상 木부6획 (총10획)

삭제 [削除] 깎아서 지워 버림
삭발 [削髮] 머리를 빡빡 깎음
상환 [償還] 변상하거나 돌려줌

상서 [祥瑞] 경사롭고 길한 일이 일어날 조짐
상담 [嘗膽] 쓸개를 맛봄. 와신상담
상전 [桑田] 뽕나무 밭

11주 3급 도전 65회

교정시간 10분 15분 20분 기타   분

▶ 한자교정선틀에서 비율과 크기에 맞게 써 봅시다.

塞	변방 새, 막힐 색 土부10획 (총13획)
暑	더울 서 日부9획 (총13획)
庶	여러 서 广부8획 (총11획)
誓	맹세할 서 言부7획 (총14획)
敍	줄 서 攴부7획 (총11획)

요새 [要塞] 군사적으로 중요한 방어 시설
폭서 [暴暑] 심한 더위. 불볕더위
서민 [庶民] 일반국민
서무 [庶務] 일반적인 사무
서약 [誓約] 맹세하고 약속함
서사 [敍事] 사실을 있는 그대로 적음

逝	갈 서 辶부7획 (총11획)
昔	옛 석 日부4획 (총8획)
析	가를 석 木부4획 (총8획)
禪	선위할 선 示부12획 (총17획)
涉	건널 섭 氵부7획 (총10획)

서거 [逝去] 죽어서 세상을 떠남
금석 [今昔] 지금과 옛적
분석 [分析] 분해해서 개별적인 요소나 성질로 나눔
선방 [禪房] 참선하는 방
섭외 [涉外] 외부와 연락을 취하여 의논함
섭렵 [涉獵] 책을 빠짐없이 모두 읽어 나감

11주 3급 도전 65회

교정시간 | 10분 | 15분 | 20분 | 기타 분

▶ 한자교정선틀에서 비율과 크기에 맞게 써 봅시다.

燒	사를 소 火부12획 (총16획)
騷	떠들 소 馬부10획 (총20획)
昭	밝을 소 日부5획 (총9획)
蔬	푸성귀 소 ++부11획 (총15획)
搜	찾을 수, 어지러울 소 扌부10획 (총13획)

소멸 [消滅] 불에 타서 없어짐
소각 [燒却] 불에 태워서 없애 버림
소동 [騷動] 시끄럽게 법석을 떪
소명 [昭明] 사리를 분간함이 밝고 똑똑함
소반 [蔬飯] 변변하지 못한 음식
수색 [搜索] 사방으로 뒤져서 찾음

召	부를 소 口부2획 (총5획)
粟	조 속 米부6획 (총12획)
誦	욀 송 言부7획 (총14획)
訟	송사할 송 言부4획 (총11획)
鎖	쇠사슬 쇄 金부10획 (총18획)

소환 [召喚] 법원에서 나올 것을 명령함
소집 [召集] 단체의 구성원들을 불러서 모음
속미 [粟米] 조와 쌀. 좁쌀
암송 [暗誦] 책을 보지 않고 욈
소송 [訴訟] 법률상의 판결을 요구함
쇄국 [鎖國] 다른 나라와의 통상과 교역을 금지함

절취선을 따라 깔끔하게 찢어주세요

11주 첨삭지도용

11주 글씨교정평가 보내기

1. 반드시 첨삭지도용을 보내서 매주 첨삭지도평가에 합격하고 다음 단계를 이수하여야 합니다.
2. 매주 첨삭지도용을 작성해서 팩스나 우편 또는 스캔, 디카, 휴대폰카메라 등을 이용한 회원은 홈페이지 고객센터로 첨부파일을 반드시 보내주시기 바랍니다.
3. 보내주신 첨삭지도용 글씨교정평가를 바른글씨 홈페이지 고객센터게시판에서 꼭 확인하시기 바랍니다.

교정시간 | 10분 | 15분 | 20분 | 기타　분

架	시렁 가	木부5획 (총9획)
却	물리칠 각	卩부5획 (총7획)
姦	간사할 간	女부6획 (총9획)
渴	목마를 갈	氵부9획 (총12획)
鋼	강철 강	金부8획 (총16획)
杯	잔 배	木부4획 (총8획)
飜	뒤칠 번	飛부12획 (총21획)
煩	괴로워할 번	火부9획 (총13획)
辨	분별할 변	辛부9획 (총16획)
屛	병풍 병	尸부8획 (총11획)

첨삭지도평가
FAX:031-898-4663
glssi@naver.com

11주 글씨교정평가 보내기

1. 반드시 첨삭지도용을 보내서 매주 첨삭지도평가에 합격하고 다음 단계를 이수하여야 합니다.
2. 매주 첨삭지도용을 작성해서 팩스나 우편 또는 스캔, 디카, 휴대폰카메라 등을 이용한 회원은 홈페이지 고객센터로 첨부파일을 반드시 보내주시기 바랍니다.
3. 보내주신 첨삭지도용 글씨교정평가를 바른글씨 홈페이지 고객센터게시판에서 꼭 확인하시기 바랍니다.

교정시간 | 10분 | 15분 | 20분 | 기타 분

拔	뺄 발	扌부5획 (총8획)
傍	곁 방	亻부10획 (총12획)
倣	본받을 방	亻부8획 (총10획)
邦	나라 방	阝부4획 (총7획)
芳	꽃다울 방	⺾부4획 (총8획)
皆	다 개	白부4획 (총9획)
慨	분개할 개	忄부11획 (총14획)
蓋	덮을 개, 이엉덮을 합, 성 갑	⺾부10획 (총14획)
乞	빌 걸	乙부2획 (총3획)
隔	막을 격	阝부10획 (총13획)

첨삭지도평가
FAX:031-898-4663
glssi@naver.com

특허한자교정법에서 바로잡는
한자쓰기교정의 정석

12주

 글씨교정 성공을 위한 특허교재 활용법

1. **글씨교정을 반드시 성공하는 활용법**
   본 특허교재로 글씨교정을 성공하려면 반드시 매주 첨삭지도평가에 합격하고 다음 단계를 이수하여야 글씨교정성공의 결과물을 얻을 수 있습니다.

2. **매일 1~2시간 정도 꾸준히 글씨교정하기**
   불규칙적인 글씨교정연습은 글씨교정이 잘 되지 않아서 원상태의 악필로 되돌아가는 원인이 됩니다.

12주 3급 도전 67회

교정시간 10분 15분 20분 기타   분

▶ 한자교정선틀에서 비율과 크기에 맞게 써 봅시다.

垂	드리울 수 土부5획 (총8획)
誰	누구 수 言부8획 (총15획)
囚	가둘 수 口부2획 (총5획)
睡	잘 수 目부8획 (총13획)
遂	이룰 수 辶부9획 (총13획)

수직 [垂直] 곧장 아래로 드리워 있음
수하 [誰何] 누구
죄수 [罪囚] 죄를 지어 교도소에 수감된 사람

수면 [睡眠] 잠을 잠
오수 [午睡] 낮잠
완수 [完遂] 완전히 목적을 이룸

須	모름지기 수 頁부3획 (총12획)
雖	비록 수 隹부9획 (총17획)
孰	누구 숙 子부8획 (총11획)
殉	따라죽을 순 歹부6획 (총10획)
脣	입술 순 月부7획 (총11획)

필수 [必須] 꼭 필요함
수연 [雖然] 그렇지만. 비록 ~라 하더라도
숙능 [孰能] 누가 감히 할 수 있겠는가

순직 [殉職] 직무 중에 목숨을 잃음
순사 [殉死] 나라를 위하여 목숨을 바침
순음 [脣音] 두 입술이 맞닿아 나는 닿소리

12주 3급 도전 67회

교정시간 | 10분 | 15분 | 20분 | 기타   분

▶ 한자교정선틀에서 비율과 크기에 맞게 써 봅시다.

循	좇을 순 彳부9획 (총12획)
戌	개 술, 열한째지지 술 戈부2획 (총6획)
濕	축축할 습 氵부14획 (총17획)
矢	화살 시 矢부0획 (총5획)
晨	새벽 신 日부7획 (총11획)

순환 [循環] 쉬지 않고 주기적으로 되풀이하여 돎
갑술 [甲戌] 육십갑자의 열한째
습기 [濕氣] 축축한 기운

습도 [濕度] 대기 속에 수증기가 들어 있는 비율
궁시 [弓矢] 활과 화살
신명 [晨明] 새벽녘

伸	펼 신 亻부5획 (총7획)
辛	매울 신 辛부0획 (총7획)
尋	찾을 심 寸부9획 (총12획)
牙	어금니 아 牙부0획 (총4획)
餓	주릴 아 食부7획 (총16획)

신장 [伸張] 늘이어 넓힘
신축 [伸縮] 늘어남과 줄어듦
신랄 [辛辣] 수단이 몹시 가혹하고 엄격함

심방 [尋訪] 방문하여 찾아 봄
아성 [牙城] 아주 중요한 근거지
아사 [餓死] 굶어 죽음

12주 3급 도전 67회

교정시간 10분 15분 20분 기타   분

▶ 한자교정선틀에서 비율과 크기에 맞게 써 봅시다.

芽	싹 아 艹부4획 (총8획)
岳	큰산 악 山부5획 (총8획)
雁	기러기 안 隹부4획 (총12획)
謁	아뢸 알 言부9획 (총16획)
押	누를 압 扌부5획 (총8획)

발아 [發芽] 씨앗에서 싹이 틈
산악 [山岳] 험준하게 높이 솟은 산
안당 [雁堂] 불상을 안치하는 당
알현 [謁見] 귀한 사람을 찾아가 뵘
압송 [押送] 죄인을 잡아 보냄
압정 [押釘] 손가락으로 눌러 박는

殃	재앙 앙 歹부5획 (총9획)
涯	물가 애 氵부8획 (총11획)
厄	재앙 액 厂부2획 (총4획)
也	어조사 야 乙부2획 (총3획)
耶	어조사 야, 간사 사 耳부3획 (총9획)

앙화 [殃禍] 천재지변 등으로 생기는 근심이나 재난
재앙 [災殃] 천재지변으로 인한 불행한 사고
천애 [天涯] 하늘의 끝
액운 [厄運] 재액을 당하는 운수
야 [也] 말의 끝에 ~느냐?, ~도다, ~구나, ~이다.
야양 [耶孃] 부모

12주 3급 도전 67회

교정시간 10분 15분 20분 기타   분

▶ 한자교정선틀에서 비율과 크기에 맞게 써 봅시다.

躍	뛸 약 足부12획 (총21획)
楊	버들 양 木부9획 (총13획)
於	어조사 어, 감탄사 오 方부4획 (총8획)
焉	어찌 언 灬부7획 (총11획)
予	나 여 亅부3획 (총4획)

약진 [躍進] 세차게 뛰어가거나 발전함
활약 [活躍] 눈부시게 활동함
수양 [垂楊] 가는 가지가 축 늘어진 버들
어시호 [於是乎] 이에 있어서. 또는 이제야
언감 [焉敢] 어찌 감히
여탈 [予奪] 주는 것과 빼앗는 것

汝	너 여 氵부3획 (총6획)
余	나 여 人부5획 (총7획)
輿	수레 여 車부10획 (총17획)
疫	전염병 역 疒부4획 (총9획)
燕	제비 연 灬부12획 (총16획)

여등 [汝等] 너희들
여월 [余月] 음력4월
여론 [輿論] 여러 사람의 공통된 의견
역병 [疫病] 공기전염으로 생기는 농작물의 유행병
방역 [防疫] 전염병의 발생을 미리 막음
연작 [燕雀] 제비와 참새. 도량이 좁고 작은 인물

12주 3급 도전 68회

교정시간 | 10분 | 15분 | 20분 | 기타 분

▶ 한자교정선들에서 비율과 크기에 맞게 써 봅시다.

閱	검열할 열 門부7획 (총15획)									
鹽	소금 염 鹵부13획 (총24획)									
炎	불꽃 염 火부4획 (총8획)									
泳	헤엄칠 영 氵부5획 (총8획)									
詠	읊을 영 言부5획 (총12획)									

열병 [閱兵] 군대를 정렬한 다음 검열함
염전 [鹽田] 소금을 만드는 물논
염분 [鹽分] 물질에 함유되어 있는 소금기
염증 [炎症] 열이 나고 몸이 붓는 아픈 증상
영법 [泳法] 헤엄치는 방법
영탄 [詠嘆] 깊은 정회를 읊음

銳	날카로울 예 金부7획 (총15획)									
嗚	슬플 오 口부10획 (총13획)									
娛	즐거워할 오 女부7획 (총10획)									
傲	거만할 오 亻부11획 (총13획)									
汚	더러울 오 氵부3획 (총6획)									

예리 [銳利] 판단이 정확하고 날카로움
예민 [銳敏] 감각이나 재치가 민첩함
오호 [嗚呼] 감탄하는 소리
오락 [娛樂] 기분을 즐겁게 하는 일
오만 [傲慢] 태도나 행동이 건방짐
오염 [汚染] 더럽게 물듦

12주 3급 도전 68회

교정시간 | 10분 | 15분 | 20분 | 기타 분

▶ 한자교정선틀에서 비율과 크기에 맞게 써 봅시다.

| 吾 | 나 오
口부4획
(총7획) | | | | | | | | | |

| 擁 | 낄 옹
扌부13획
(총16획) | | | | | | | | | |

| 翁 | 늙은이 옹
羽부4획
(총10획) | | | | | | | | | |

| 瓦 | 기와 와
瓦부0획
(총5획) | | | | | | | | | |

| 臥 | 누울 와
臣부2획
(총8획) | | | | | | | | | |

오등 [吾等] 우리
옹립 [擁立] 임금으로 받들어 모심
옹호 [擁護] 부축하여 보호함

노옹 [老翁] 늙은 남자
와해 [瓦解] 계획이나 조직 등이 무너짐
와병 [臥病] 병으로 누워있음

| 緩 | 느릴 완
糸부9획
(총15획) | | | | | | | | | |

| 曰 | 가로 왈
曰부0획
(총4획) | | | | | | | | | |

| 畏 | 두려워할 외
田부4획
(총9획) | | | | | | | | | |

| 搖 | 흔들릴 요
扌부10획
(총13획) | | | | | | | | | |

| 遙 | 멀 요
辶부10획
(총14획) | | | | | | | | | |

완만 [緩慢] 행동과 모양이 느리고 게으름
완화 [緩和] 급박한 것을 느슨하게 함
왈패 [曰牌] 수선스러운 사람

경외 [敬畏] 공경하고 두려워함
요동 [搖動] 흔들어 움직임
요원 [遙遠] 까마득히 멂

12주 3급 도전 68회

교정시간 | 10분 | 15분 | 20분 | 기타   분

▶ 한자교정선틀에서 비율과 크기에 맞게 써 봅시다.

腰	허리 요 月부9획 (총13획)
庸	떳떳할 용 广부8획 (총11획)
于	어조사 우 二부1획 (총3획)
尤	더욱 우 尢부1획 (총4획)
羽	깃 우 羽부0획 (총6획)

요통 [腰痛] 허리가 아픈 병
용렬 [庸劣] 재주가 없고 어리석음
용부 [庸夫] 어리석고 변변하지 못한 사람

우금 [于今] 지금까지
우묘 [尤妙] 매우 신통함
우익 [羽翼] 새의 날개

又	또 우 又부0획 (총2획)
云	이를 운 二부2획 (총4획)
緯	씨 위 糸부9획 (총15획)
胃	밥통 위 月부5획 (총9획)
僞	거짓 위 亻부12획 (총14획)

우중지 [又重之] 더욱이. 뿐만 아니라
운운 [云云] 이러이러하다고 말함
위도 [緯度] 지구를 남북으로 재는 좌표

위선 [緯線] 위도를 나타낸 선
위장 [胃腸] 위와 장
위조 [僞造] 진짜처럼 비슷하게 만듦

12주 3급 도전 68회

교정시간 | 10분 | 15분 | 20분 | 기타 분

▶ 한자교정선들에서 비율과 크기에 맞게 써 봅시다.

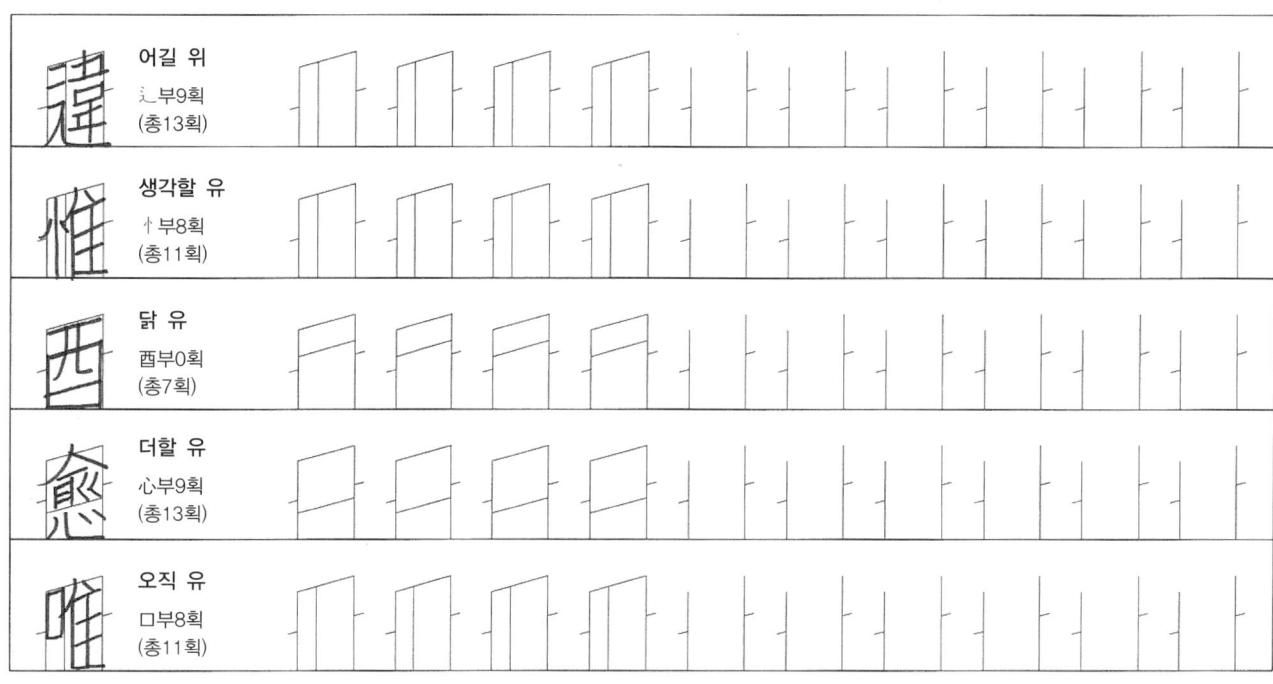

違	어길 위 辶부9획 (총13획)
惟	생각할 유 忄부8획 (총11획)
酉	닭 유 酉부0획 (총7획)
愈	더할 유 心부9획 (총13획)
唯	오직 유 口부8획 (총11획)

위반 [違反] 약속이나 법령을 어김
위배 [違背] 약속한 바를 어김
유독 [惟獨] 다만 홀로

유시 [酉時] 오후 5시부터 7시 사이
쾌유 [快癒] 병이 깨끗이 나음
유일 [唯一] 오직 하나

閏	윤달 윤 門부4획 (총12획)
淫	음란할 음 氵부8획 (총11획)
泣	울 읍 氵부5획 (총8획)
凝	엉길 응 冫부14획 (총16획)
矣	어조사 의 矢부2획 (총7획)

윤월 [閏月] 윤달. 음력에 한 달이 더 있는 달
음란 [淫亂] 음탕하고 난잡함
음담 [淫談] 음란하고 방탕한 이야기

읍소 [泣訴] 눈물로써 간절히 하소연함
응고 [凝固] 엉겨서 굳어짐
의재 [矣哉] ~이런가. ~인가

12주 3급 도전 69회

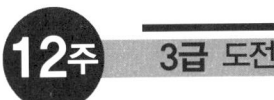

교정시간 10분 15분 20분 기타   분

▶ 한자교정선틀에서 비율과 크기에 맞게 써 봅시다.

宜	마땅할 의 宀부5획 (총8획)
夷	오랑캐 이 大부3획 (총6획)
而	말이을 이 而부0획 (총6획)
姻	혼인 인 女부6획 (총9획)
寅	셋째지지 인 宀부8획 (총11획)

의당 [宜當] 마땅히. 으레
이멸 [夷滅] 멸망시킴. 삼족을 멸함
이립 [而立] 30세를 일컬음

혼인 [婚姻] 장가들고 시집가는 일
인척 [姻戚] 혼인에 의하여 맺어진 친척
인시 [寅時] 오전3시30분에서 4시30분 사이

賃	품팔이 임 貝부6획 (총13획)
恣	방자할 자 心부6획 (총10획)
紫	자주빛 자 糸부5획 (총11획)
玆	이 자, 검을 현 玄부5획 (총10획)
爵	벼슬 작 爪부14획 (총18획)

임금 [賃金] 노동의 대가로 받는 돈
임차 [賃借] 돈을 내고 빌려 씀
자의 [恣意] 방자한 마음

자세 [姿勢] 몸을 가지는 마음가짐이나 태도
금자 [今玆] 올해
작위 [爵位] 벼슬과 지위

12주 3급 도전 69회

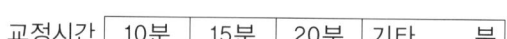

교정시간 | 10분 | 15분 | 20분 | 기타 분

▶ 한자교정선틀에서 비율과 크기에 맞게 써 봅시다.

酌	따를 작 酉부3획 (총10획)
墻	담 장 土부13획 (총16획)
哉	어조사 재 口부6획 (총9획)
宰	재상 재 宀부7획 (총10획)
滴	물방울 적 氵부11획 (총14획)

자작 [自酌] 손수 술을 따라 마심
쾌재 [快哉] 만족스럽게 여김
장원 [墻垣] 담. 담장

재상 [宰相] 이품 이상의 벼슬아치
적하 [滴下] 방울져 떨어짐
적정 [滴定] 시약의 용량을 하는 방법

弔	조상할 조 弓부1획 (총4획)
殿	전각 전 殳부9획 (총13획)
竊	훔칠 절 穴부17획 (총22획)
蝶	나비 접 虫부9획 (총15획)
訂	바로잡을 정 정 言부2획 (총9획)

조문 [弔問] 상주가 된 사람을 위문함
조포 [弔砲] 조의를 표하는 예포
전당 [殿堂] 신불을 모셔 놓은 집

절도 [竊盜] 남의 금품을 몰래 훔침
접영 [蝶泳] 버터플라이. 수영방법의 한 가지
정정 [訂正] 잘못을 고쳐서 바로잡음

12주 3급 도전 69회

교정시간 10분 15분 20분 기타 분

▶ 한자교정선틀에서 비율과 크기에 맞게 써 봅시다.

堤	방죽 제 土부9획 (총12획)
租	조세 조 禾부5획 (총10획)
燥	마를 조 火부13획 (총17획)
拙	졸할 졸 扌부5획 (총8획)
佐	도울 좌 亻부5획 (총7획)

제방 [堤防] 수해예방을 막기 위해 쌓은 둑
제의 [提議] 의견이나 의안을 내놓음
조세 [租稅] 국민으로부터 거두어들이는 세금
건조 [乾燥] 습기나 물기가 없음
졸작 [拙作] 보잘것없는 작품
보좌 [補佐] 상관을 도와 일을 처리하는 것

奏	아뢸 주 大부6획 (총9획)
舟	배 주 舟부0획 (총6획)
鑄	쇠부어만들 주 金부14획 (총22획)
珠	구슬 주 王부6획 (총10획)
株	그루 주 木부6획 (총10획)

독주 [獨奏] 혼자서 악기를 연주하는 것
경주 [輕舟] 가볍고 빠른 작은 배
주화 [鑄貨] 쇠붙이를 녹여 만든 화폐
주옥 [珠玉] 구슬과 옥
주식 [株式] 주식회사의 자본을 구성하는 단위
주가 [株價] 주식이나 증권의 값

12주 3급 도전 69회

교정시간 | 10분 | 15분 | 20분 | 기타   분

▶ 한자교정선틀에서 비율과 크기에 맞게 써 봅시다.

俊	준걸 준 亻부7획 (총9획)
遵	좇을 준 辶부12획 (총16획)
仲	버금 중 亻부4획 (총6획)
贈	줄 증 貝부12획 (총19획)
只	다만 지 口부2획 (총5획)

준걸 [俊傑] 재주와 슬기가 뛰어난 사람
준일 [俊逸] 재능이 뛰어남
준수 [遵守] 법을 지킴
백중 [伯仲] 맏형과 둘째형
기증 [寄贈] 물품을 남에게 선사함
지금 [只今] 바로 이때. 곧

遲	더딜 지 辶부12획 (총16획)
震	벼락 진, 애밸 신 雨부7획 (총15획)
姪	조카 질 女부6획 (총9획)
懲	징계할 징 心부15획 (총19획)
借	빌릴 차 亻부8획 (총10획)

지연 [遲延] 늦어짐
지각 [遲刻] 정해진 시각보다 늦음
진원 [震源] 지진파가 발생하는 근원
질녀 [姪女] 조카딸
징계 [懲戒] 물을 뉘우치도록 벌을 줌
차용 [借用] 빌려서 씀

12주 3급 도전 70회

교정시간 | 10분 | 15분 | 20분 | 기타 분

▶ 한자교정선틀에서 비율과 크기에 맞게 써 봅시다.

且	또 차 一부4획 (총5획)
捉	잡을 착 扌부7획 (총10획)
錯	섞일 착, 둘 조 金부8획 (총16획)
慘	참혹할 참 忄부11획 (총14획)
慙	부끄러울 참 心부11획 (총15획)

구차 [苟且] 몹시 가난하고 궁색함
포착 [捕捉] 붙잡음. 요령을 얻음
착각 [錯覺] 사실을 실제와 다르게 생각함
착잡 [錯雜] 갈피를 잡을 수없이 어수선함
참담 [慘澹] 몹시 비참하고 괴로움
참색 [慙色] 부끄러워하는 기색

暢	화창할 창 日부10획 (총14획)
債	빚 채 亻부11획 (총13획)
斥	물리칠 척 斤부1획 (총5획)
薦	드릴 천 艹부13획 (총17획)
遷	옮길 천 辶부12획 (총16획)

창달 [暢達] 거침없이 쑥쑥 발달함
화창 [和暢] 날씨나 바람이 온화하고 맑음
채무 [債務] 돈을 되갚아야 하는 의무
척사 [斥邪] 간사한 것을 물리침
천거 [薦擧] 사람을 어떤 자리에 쓰도록 추천함
천이 [遷移] 옮기어 바뀜

12주 3급 도전 70회

교정시간 | 10분 | 15분 | 20분 | 기타   분

▶ 한자교정선틀에서 비율과 크기에 맞게 써 봅시다.

尖	뾰족할 첨 小부3획 (총6획)
添	더할 첨 氵부8획 (총11획)
妾	첩 첩 女부5획 (총8획)
晴	갤 청 日부8획 (총12획)
逮	미칠 체, 탈 태 辶부8획 (총12획)

첨단 [尖端] 시대나 유행 따위의 앞장섬
첨예 [尖銳] 날카롭고 뾰족함
첨가 [添加] 보태거나 덧붙임

첩실 [妾室] 남의 첩이 되어 있는 여자
쾌청 [快晴] 하늘이 상쾌하도록 맑게 갬
체포 [逮捕] 죄인을 쫓아가서 잡음

替	바꿀 체 日부8획 (총12획)
滯	막힐 체 氵부11획 (총14획)
遞	갈릴 체 辶부10획 (총14획)
抄	베낄 초 扌부4획 (총7획)
秒	초 초, 까끄라기 묘 禾부4획 (총9획)

교체 [交替] 서로 번갈아 대신하여 바꿈
체증 [滯症] 체하여 소화가 안 되는 증세
정체 [停滯] 한곳에 정지하여 움직이지 않음

체신 [遞信] 우편이나 전신 등의 통신
초본 [抄本] 필요한 부분만 뽑아서 베낀 문서
초침 [秒針] 시계에서 초를 가리키는 바늘

106

12주 3급 도전 70회

교정시간 10분 15분 20분 기타   분

▶ 한자교정선틀에서 비율과 크기에 맞게 써 봅시다.

燭	촛불 촉 火부13획 (총17획)
聰	밝을 총 耳부11획 (총17획)
醜	추할 추 酉부10획 (총17획)
抽	뺄 추 扌부5획 (총8획)
丑	소 축, 이름 추 一부3획 (총4획)

촉광 [燭光] 광도의 단위. 촛불의 빛
총기 [聰氣] 총명한 기운
총명 [聰明] 영리하고 기억력이 좋음
추악 [醜惡] 더럽고 지저분함
추출 [抽出] 빼냄. 뽑아 냄
축년 [丑年] 축(丑)으로 되는 해. 소의 해

逐	쫓을 축 辶부7획 (총11획)
畜	쌓을 축, 가축 축, 기를 육 田부5획 (총10획)
臭	냄새 취, 맡을 후 自부4획 (총10획)
漆	옻 칠 氵부11획 (총14획)
枕	베개 침 木부4획 (총8획)

축출 [逐出] 쫓아내거나 몰아냄
축산 [畜産] 가축을 기르는 산업
가축 [家畜] 집에서 기르는 짐승
취기 [臭氣] 좋지 않은 냄새
칠기 [漆器] 옻칠로 만든 목기나 도자기
침두 [枕頭] 베갯머리

12주 3급 도전 70회

교정시간 | 10분 | 15분 | 20분 | 기타   분

▶ 한자교정선틀에서 비율과 크기에 맞게 써 봅시다.

浸	담글 침 氵부7획 (총10획)
妥	온당할 타 女부4획 (총7획)
墮	떨어질 타 土부12획 (총15획)
濯	씻을 탁 氵부14획 (총17획)
托	받칠 탁 扌부3획 (총6획)

침투 [浸透] 스며 젖어듦
침식 [浸蝕] 지반이 자연현상에 의해 깎이는 일
타당 [妥當] 적절하게 잘 맞음
타락 [墮落] 품행이 나빠서 잘못된 길로 빠짐
탁족 [濯足] 발을 씻음
탁자 [托子] 찻잔의 받침

濁	흐릴 탁 氵부13획 (총16획)
誕	탄생할 탄 言부7획 (총14획)
奪	빼앗을 탈 大부11획 (총14획)
貪	탐할 탐 貝부4획 (총11획)
湯	끓일 탕, 흐를 상, 해돋이 양 氵부9획 (총12획)

혼탁 [混濁] 불순물이 깨끗하지 않고 흐림
탁류 [濁流] 흘러가는 흐린 물
탄생 [誕生] 태어남의 높임말
탈취 [奪取] 남의 것을 억지로 빼앗아 가짐
탐욕 [貪慾] 지나치게 탐하는 욕심
탕약 [湯藥] 달여서 마시는 한약

12주 3급 도전 71회

교정시간 | 10분 | 15분 | 20분 | 기타   분

▶ 한자교정선틀에서 비율과 크기에 맞게 써 봅시다.

怠	게으를 태 心부5획 (총9획)										
吐	토할 토 口부3획 (총6획)										
透	사무칠 투 辶부7획 (총11획)										
頗	자못 파 頁부5획 (총14획)										
把	잡을 파 扌부4획 (총7획)										

태만 [怠慢] 느리고 게으름을 피움
태업 [怠業] 고의로 일을 게을리 함
구토 [嘔吐] 음식물을 토함

투명 [透明] 물체가 속까지 환히 비침
파다 [頗多] 자못 많음. 아주 많음
파악 [把握] 꽉 잡아 쥠. 확실하게 바로 앎

播	뿌릴 파 扌부12획 (총15획)										
罷	그만둘 파, 고달플 피 罒부10획 (총15획)										
販	팔 판 貝부4획 (총11획)										
貝	조개 패 貝부0획 (총7획)										
遍	두루 편 辶부9획 (총13획)										

전파 [傳播] 널리 전하여 퍼뜨림
파장 [罷場] 장이 끝남
파면 [罷免] 직무를 그만두게 함

판매 [販賣] 상품을 팖
패총 [貝塚] 석기시대의 조개무지
보편 [普遍] 모든 것에 널리 다 통함

12주 3급 도전 71회

교정시간 10분 15분 20분 기타   분

▶ 한자교정선틀에서 비율과 크기에 맞게 써 봅시다.

偏	치우칠 편 亻부9획 (총11획)
編	엮을 편, 땋을 변 糸부9획 (총15획)
幣	비단 폐 巾부12획 (총15획)
廢	폐할 폐 广부12획 (총15획)
蔽	가릴 폐 艹부12획 (총16획)

편파 [偏頗] 한쪽으로 치우쳐 공평하지 못함
편중 [偏重] 한쪽으로 치우쳐 무거움
편성 [編成] 엮어서 만듦
폐물 [幣物] 선사하는 물건
폐지 [廢止] 행하지 않기로 하여 없앰
은폐 [隱蔽] 덮어서 감춤. 가리어 숨김

飽	배부를 포 食부7획 (총14획)
捕	잡을 포 扌부7획 (총10획)
抱	안을 포 扌부5획 (총8획)
幅	폭 폭, 행전 핍 巾부9획 (총12획)
漂	떠나닐 표 氵부11획 (총14획)

포만 [飽滿] 배가 불러서 가득 참
포획 [捕獲] 사로잡음
포로 [捕虜] 사로잡은 적군
포부 [抱負] 가슴속에 지니고 있는 생각
광폭 [廣幅] 넓은 폭
표류 [漂流] 물 위에 떠서 흘러감

12주 3급 도전 71회

교정시간 10분 15분 20분 기타   분

▶ 한자교정선틀에서 비율과 크기에 맞게 써 봅시다.

匹	짝 필, 집오리 목 匸부2획 (총4획)
荷	연 하 艹부7획 (총11획)
汗	땀 한 氵부3획 (총6획)
旱	가물 한 日부3획 (총7획)
咸	다 함 口부6획 (총9획)

필마 [匹馬] 한 필의 말
필적 [匹敵] 실력이 서로 엇비슷하여 맞섬
하물 [荷物] 짐. 다른 곳으로 옮기기 위한 물건
한증 [汗蒸] 몸을 덥게 하여 땀을 냄
한해 [旱害] 가뭄 피해
함집 [咸集] 모두 모임

巷	거리 항 己부6획 (총9획)
奚	어찌 해 大부7획 (총10획)
亥	돼지 해 亠부4획 (총6획)
該	갖출 해 言부6획 (총13획)
享	누릴 향 亠부6획 (총8획)

항간 [巷間] 일반사람들 사이
항담 [巷談] 떠도는 소문
해금 [奚琴] 우리 민속 현악기의 하나
계해 [癸亥] 육십갑자의 마지막 예순째
해당 [該當] 무엇에 관계되는 바로 그것
향년 [享年] 한평생 살아 누린 나이

12주 3급 도전 71회

교정시간 | 10분 | 15분 | 20분 | 기타 분

▶ 한자교정선틀에서 비율과 크기에 맞게 써 봅시다.

軒	추녀 헌 車부3획 (총10획)
絃	줄 현 糸부5획 (총11획)
縣	고을 현 糸부10획 (총16획)
穴	굴 혈 穴부0획 (총5획)
嫌	싫어할 혐 女부10획 (총13획)

헌거 [軒擧] 풍채가 좋고 당당함
현악 [絃樂] 현악기로 연주하는 음악
군현 [郡縣] 군과 현. 고을

혈거 [穴居] 흙이나 바위의 굴속에서 삶
혐의 [嫌疑] 꺼리고 미워함
혐오 [嫌惡] 싫어하고 미워함

螢	반딧불 형 虫부10획 (총16획)
衡	저울대 형, 가로 횡 行부10획 (총16획)
亨	형통할 형 亠부5획 (총7획)
兮	어조사 혜 八부2획 (총4획)
互	서로 호 二부2획 (총4획)

형광 [螢光] 반딧불
형설 [螢雪] 어려운 처지에도 학문을 닦음
형평 [衡平] 균형이 맞음

형통 [亨通] 모든 일이 뜻과 같이 잘됨
혜야 [兮也] 윗말을 완화하고 아래의 말을 강조
상호 [相互] 서로. 피차

12주 3급 도전 72회

교정시간 | 10분 | 15분 | 20분 | 기타 분

▶ 한자교정선틀에서 비율과 크기에 맞게 써 봅시다.

乎	어조사 호 丿부4획 (총5획)
毫	가는털 호 毛부7획 (총11획)
昏	어두울 혼 日부4획 (총8획)
鴻	큰기러기 홍 鳥부6획 (총17획)
弘	넓을 홍 弓부2획 (총5획)

단호 [斷乎] 결심한 것을 확실하게 처리하는 모양
추호 [秋毫] 아주 적거나 조금
혼미 [昏迷] 의식이 흐리고 사리에 어두움

황혼 [黃昏] 해가 지고 어스름해질 때
홍은 [鴻恩] 넓고 큰 은혜
홍보 [弘報] 널리 알리는 것

禾	벼 화 禾부0획 (총5획)
擴	넓힐 확 扌부15획 (총18획)
穫	거둘 확, 땅이름 호 禾부14획 (총19획)
丸	둥근 환 丶부2획 (총3획)
荒	거칠 황 艹부6획 (총10획)

화묘 [禾苗] 벼의 모
확대 [擴大] 늘이어서 크게 함
확장 [擴張] 늘려서 넓힘

수확 [收穫] 농작물을 거두어들임
환약 [丸藥] 둥근 모양으로 만든 약
황폐 [荒廢] 거칠고 못 쓰게 됨

113

▶ 한자교정선틀에서 비율과 크기에 맞게 써 봅시다.

曉	새벽 효 日부12획 (총16획)
侯	제후 후, 어조사 헤 亻부7획 (총9획)
毀	헐 훼 殳부9획 (총13획)
輝	빛날 휘 車부8획 (총15획)
携	이끌 휴 扌부10획 (총13획)

효성 [曉星] 샛별
제후 [諸侯] 봉건시대의 영주
훼손 [毀損] 체면을 손상함
훼방 [毀謗] 남을 헐뜯어 비방함
휘광 [輝光] 빛이 남
휴대 [携帶] 몸에 지님

胸	가슴 흉 月부6획 (총10획)
姉	손윗누이 자 女부5획 (총8획)
戲	희롱할 희 戈부12획 (총16획)

흉부 [胸部] 가슴
자매 [姉妹] 여자끼리의 언니와 동생
희롱 [戲弄] 장난삼아 놀리는 짓

12주 글씨교정평가 보내기

1. 반드시 첨삭지도용을 보내서 매주 첨삭지도평가에 합격하고 다음 단계를 이수하여야 합니다.
2. 매주 첨삭지도용을 작성해서 팩스나, 우편 또는 스캔, 디카, 휴대폰카메라 등을 이용한 회원은 홈페이지 고객센터로 첨부파일을 반드시 보내주시기 바랍니다.
3. 보내주신 첨삭지도용 글씨교정평가를 바른글씨 홈페이지 고객센터게시판에서 꼭 확인하시기 바랍니다.

교정시간 | 10분 | 15분 | 20분 | 기타   분

燭	촛불 촉	火부13획 (총17획)
聰	밝을 총	耳부11획 (총17획)
醜	추할 추	酉부10획 (총17획)
抽	뺄 추	扌부5획 (총8획)
丑	소 축, 이름 추	一부3획 (총4획)
須	모름지기 수	頁부3획 (총12획)
雖	비록 수	隹부9획 (총17획)
孰	누구 숙	子부8획 (총11획)
殉	따라죽을 순	歹부6획 (총10획)
脣	입술 순	月부7획 (총11획)

첨삭지도평가
FAX:031-898-4663
glssi@naver.com

12주 글씨교정평가 보내기

1. 반드시 첨삭지도용을 보내서 매주 첨삭지도평가에 합격하고 다음 단계를 이수하여야 합니다.
2. 매주 첨삭지도용을 작성해서 팩스나, 우편 또는 스캔, 디카, 휴대폰카메라 등을 이용한 회원은 홈페이지 고객센터로 첨부파일을 반드시 보내주시기 바랍니다.
3. 보내주신 첨삭지도용 글씨교정평가를 바른글씨 홈페이지 고객센터게시판에서 꼭 확인하시기 바랍니다.

교정시간 | 10분 | 15분 | 20분 | 기타 분

垂 드리울 수 土부5획 (총8획)

誰 누구 수 言부8획 (총15획)

囚 가둘 수 □부2획 (총5획)

睡 잘 수 目부8획 (총13획)

遂 이를 수 辶부9획 (총13획)

逐 쫓을 축 辶부7획 (총11획)

畜 쌓을 축, 가축 축, 기를 육 田부5획 (총10획)

臭 냄새 취, 맡을 후 自부4획 (총10획)

漆 옻 칠 氵부11획 (총14획)

枕 베개 침 木부4획 (총8획)

첨삭지도평가
FAX:031-898-4663
glssi@naver.com

부록

한자 약자 연습

雙	双	쌍	쌍							
釋	釈	풀	석							
聲	声	소리	성							
屬	属	붙을	속							
數	数	수	수							
壽	寿	목숨	수							
實	実	열매	실							
巖	岩	바위	암							
與	与	줄	여							
餘	余	남을	여							
豫	予	미리	예							
藝	芸	재주	예							

부록

한자 약자 연습

鹽	塩	소금	염							
壓	圧	누를	압							
獨	独	홀로	독							
簿	簿	문서	부							
傳	伝	전할	전							
處	処	곳	처							
鐵	鉄	쇠	철							
廳	庁	관청	청							
體	体	몸	체							
學	学	배울	학							
畫	画	그림	화							
號	号	부를	호							

부록

한자 약자 연습

獎	奨	도울 장								
殘	残	남을 잔								
淨	浄	맑을 정								
淺	浅	얕을 천								
澤	沢	못 택								
燭	烛	밝을 촉								
營	営	경영할 영								
爲	為	위할 위								
狀	状	문서 장								
眞	真	참 진								
節	節	마디 절								
粹	粹	부술 쇄								

부록

한자 약자 연습

區	区	나눌	구								
國	国	나라	국								
勸	勧	권할	권								
權	権	권세	권								
劇	劇	심할	극								
歸	帰	돌아올	귀								
氣	気	기운	기								
斷	断	끊을	단								
擔	担	맡을	담								
當	当	마땅할 당									
黨	党	무리	당								
對	対	대할	대								

부록

한자 약자 연습

假	仮	거짓 가								
價	価	값 가								
覺	覚	깨달을 각								
擧	挙	들 거								
關	関	빗장 관								
監	监	살필 감								
儉	俭	검소할 검								
徑	径	지름길 경								
經	経	경서 경								
輕	軽	가벼울 경								
繼	継	이을 계								
舊	旧	옛 구								

한자 약자 연습

廣	広	넓을	광
廢	廃	폐할	폐
彈	弾	탄알	탄
從	従	좇을	종
惡	悪	나쁠	악
愛	愛	사랑	애
應	応	응할	응
戰	战	싸울	전
擇	択	가릴	택
擊	擊	칠	격
擴	拡	늘릴	확
收	収	거둘	수

부록

한자 약자 연습

會	会	모을 회									
樣	様	모양 양									
樓	楼	다락 루									
櫻	桜	앵두나무 앵									
鬪	鬪	싸울 투									
點	点	점찍을 점									
龍	竜	용 룡									
龜	亀	거북 구·귀									
醉	酔	취할 취									
醫	医	의원 의									
錢	銭	돈 전									
驛	駅	정거장 역									

부록

한자 약자 연습

亞	亜	버금	아								
僧	僧	승려	승								
僞	偽	거짓	위								
儀	仅	거동	의								
兒	児	아이	아								
劃	画	계획할	획								
劑	剤	나눌	제								
參	参	더불	참,삼								
圍	囲	둘레	위								
團	団	둥글	단								
壯	壮	장할	장								
壹	壱	한	일								

부록

한자 약자 연습

聯	联	잇닿을	련							
戀	恋	사모할	련							
靈	灵	신령	령							
禮	礼	예도	례							
勞	労	힘쓸	로							
離	难	떠날	리							
灣	湾	물구비	만							
麥	麦	보리	맥							
脈	脉	혈관	맥							
面	面	낯	면							
發	発	필	발							
邊	辺	갓	변							

가로자음의 위치 및 크기 연습

- 모든 가로의 초성자음이나 종성(받침자음)의 크기를 모두 일정하게 같도록 씁시다.
- 글자 위에 표기된 화살표 방향으로 교정연습을 하면 좀 더 빠르고 예쁘게 글씨를 쓸 수 있습니다.

가로자음의 위치 및 크기
가로자음의 위치 및 크기

글씨교정선틀	보기	글씨교정선틀에 정확히 맞추어 써 봅시다.
초성	두	
	우	
	부	
	수	
	우	
초성 / 받침(종성)	논	
	득	
	문	
	술	
	음	

☑ **꼭 체크하기** (교정연습 후 글자불량이 있으면 다음 도전회분에서 꼭 수정하세요.)
☐ 글씨교정선틀에 맞게 썼는지 확인 ☐ 글자를 아랫선에 붙여서 썼는지 확인 ☐ 접필과 잔선불량이 있는지 확인

부록 1주 도전 4회

ㄴ(니은) 자음연습

- 초성자음의 ㄴ(니은) 획순은 한번에 힘있게 삐쳐 씁시다.
- 받침자음의 ㄴ(니은) 획순은 한번에 부드럽게 꺾어서 씁시다.

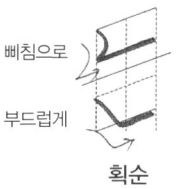
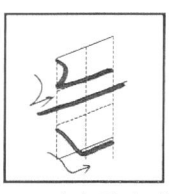
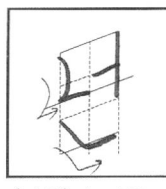

크기가 달라지는 ㄴ(니은)의 자음

- 줄칸 아랫선에 달도록 쓰고 글씨교정선틀에 정확하게 써 봅시다.

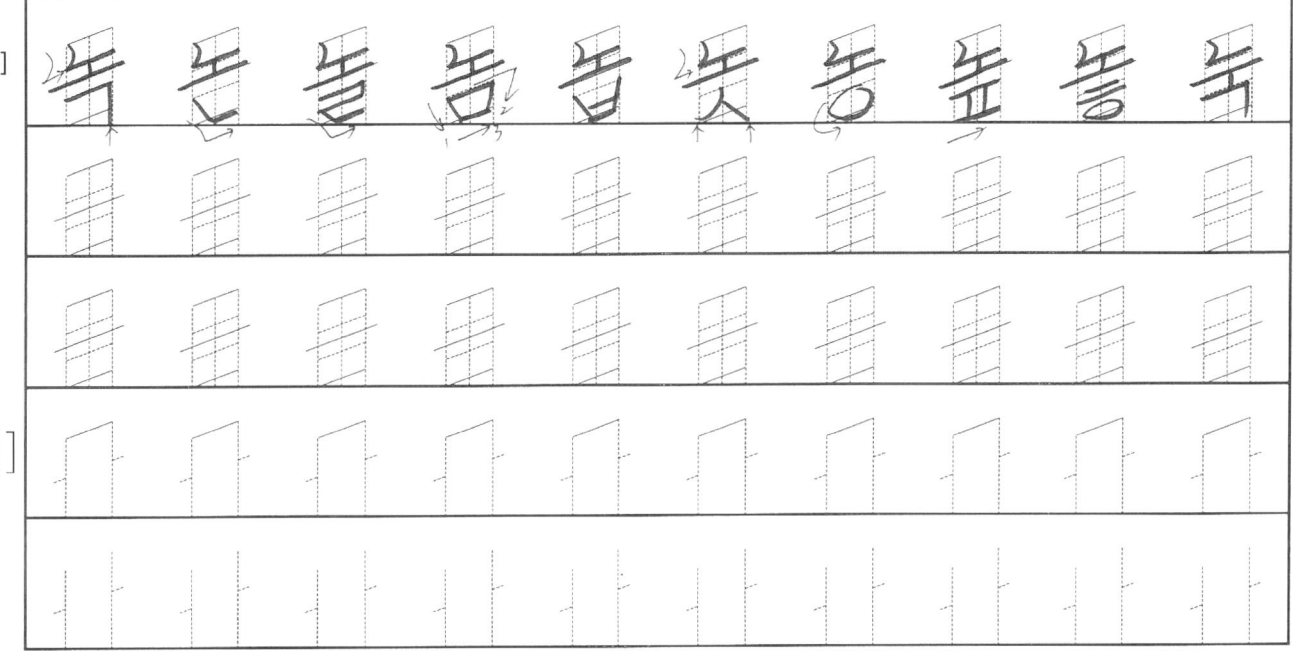

☑ **꼭 체크하기** (교정연습 후 글자불량이 있으면 다음 도전회분에서 꼭 수정하세요.)
- ☐ 글씨교정선틀에 맞게 썼는지 확인 ☐ 글자를 아랫선에 붙여서 썼는지 확인 ☐ 접필과 잔선불량이 있는지 확인

부록 3주 도전 13회

한글악필교정 맛보기 연습용

ㄱ(기역) 낱말연습

- ㄱ(기역)은 'ㅏ, ㅓ, ㅐ'와 만나면 내려긋는 획이 왼쪽으로 휘어지게 씁시다.
- ㄱ(기역)의 모양은 놓이는 위치에 달라지는 획의 길이와 크기를 꼭 기억합시다.

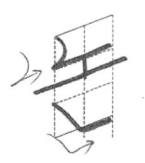
바른글씨

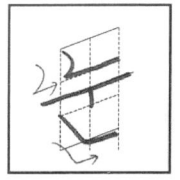 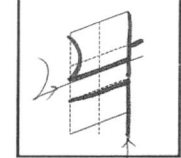
하단부획의 교정방법

▶ 줄칸 아랫선에 닿도록 쓰고 글씨교정선틀에 정확하게 써 봅시다.

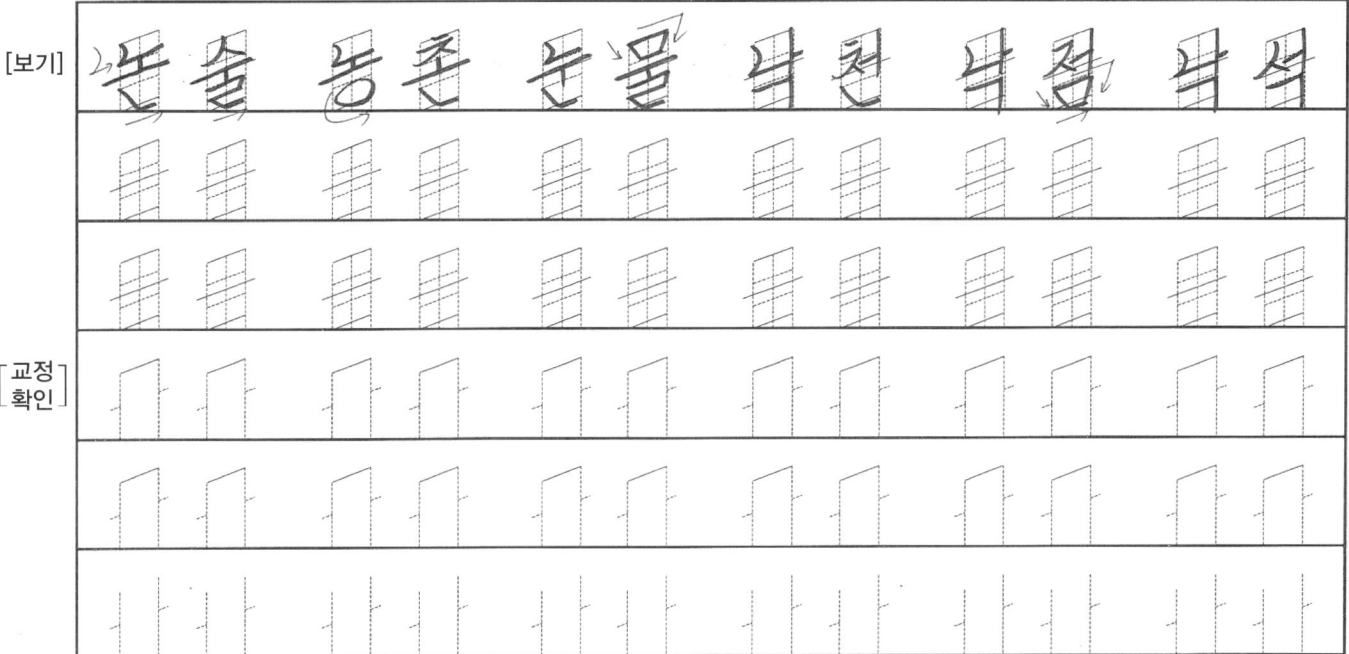

■ 문장기초연습

소설가 이외수의 글쓰기에 대한 비법 [글쓰기의 공중부양] 책의 내용 수록

☑ 꼭 체크하기 (교정연습 후 글자불량이 있으면 다음 도전회분에서 꼭 수정하세요.)

☐ 글씨교정선틀에 맞게 썼는지 확인 ☐ 글자를 아랫선에 붙여서 썼는지 확인 ☐ 접필과 잔선불량이 있는지 확인

실전문장 교정연습

문장교정식 학습기법

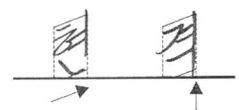

- 화살표 방향의 하단부 획은 꼭 노트의 아랫선에 닿도록 쓴다.

▶ 문장을 쓸 때에는 꼭 노트의 줄칸 아랫선에 붙여서 씁시다.
▶ 글씨를 쓸 때에는 꼭 글씨 윗부분에 여백을 조금 남기고 씁시다.
 (줄칸 높이의 2/3의 크기로 정한다.)

▶ 줄칸 아랫선에 닿도록 쓰고 글씨교정선틀에 정확하게 써 봅시다.

[보기] 글쓰기의 필수요건 (진실) 글로써 타인을 감동시키거나 설

[보기] 득시키고 싶다면 진실하라. 진실은 사실과 다르다. 사실을 통

[보기] 해 그대가 얻은 감정이 진실이다. 글쓰기는 자기 인격을 드

소설가 이외수의 글쓰기에 대한 비법 [글쓰기의 공중부양] 책의 내용 수록

☑ 꼭 체크하기 (교정연습 후 글자불량이 있으면 다음 도전회분에서 꼭 수정하세요.)
 ☐ 글씨교정선틀에 맞게 썼는지 확인 ☐ 글자를 아랫선에 붙여서 썼는지 확인 ☐ 접필과 잔선불량이 있는지 확인

시험에 잘 나오는 고사숙어

가렴주구 [苛斂誅求] 세금을 가혹하게 거두어들이고, 무리하게 재물을 빼앗음.
각양각색 [各樣各色] 여러 가지의 모양.
각골난망 [刻骨難忘] 은혜가 뼈에까지 사무쳐 잊혀지지 아니함.
간담상조 [肝膽相照] 서로의 마음을 털어놓고 친히 사귐.
감언이설 [甘言利說] 욕심나게 만드는 달콤한 말.
감탄고토 [甘呑苦吐] 달면 삼키고 쓰면 뱉는다는 뜻으로, 자신에게 유리하게 하는 이기주의 태도.
갑남을녀 [甲男乙女] 보통 평범한 사람들.
강박관념 [强迫觀念] 아무리 제거하려고 해도 떠오르는 불쾌한 관념.
개과천선 [改過遷善] 과거의 허물을 고쳐 옳은 길로 들어섬.
거두절미 [去頭截尾] 머리와 꼬리를 잘라버림. 즉, 핵심만 말함.
거안사위 [居安思危] 평안할 때에 위험을 미리 대비함.
거안제미 [擧案齊眉] 밥상을 눈썹까지 올림. 즉, 남편을 지극히 공경함.
건곤일척 [乾坤一擲] 운명을 걸고 흥망의 승부를 겨룸.
격화소양 [隔靴搔癢] 신 신고 발바닥을 긁기, 정통을 찌르지 못한 안타까움.
견물생심 [見物生心] 물건을 보면 욕심이 생김.
견원지간 [犬猿之間] 개와 원숭이처럼 원수처럼 지내는 사이.
견강부회 [牽强附會] 자기에게 유리하도록 이론을 맞추려고 애를 씀.
결초보은 [結草報恩] 죽어서도 은혜를 잊지 않고 갚음.
경거망동 [輕擧妄動] 경솔하고 망령되게 행동함.
경국지색 [傾國之色] 매우 아름다운 미인.
경이원지 [敬而遠之] 공경을 하되 가까이 하지 않음.
계란유골 [鷄卵有骨] 달걀 속에도 뼈가 있음. 즉, 모처럼 잘 되는 일에 뜻밖에 장애물이 있음.
고진감래 [苦盡甘來] 고생 끝에 낙이 옴. 즉, 고생을 참고 견딤.
고군분투 [孤軍奮鬪] 수가 적고 약한 군대가 강한 적군과 용감하게 싸움.
　　　　　　　　　　　남의 도움을 받지 아니하고 어려운 일을 잘 헤쳐나감.
고량진미 [膏粱珍味] 기름진 고기와 좋은 곡식으로 만든 맛있는 음식.
고식지계 [姑息之計] 당장 편한 것만을 택하는 계책. 임시변통이나 미봉책.
골육상쟁 [骨肉相爭] 뼈와 살이 서로 다툼. 즉, 형제. 동족끼리 서로 다툼.
공중누각 [空中樓閣] 공중에 누각을 짓는 것처럼 근거가 없는 가공의 사물.
과대망상 [誇大妄想] 자신을 지나치게 과장하여 그것을 사실인 것처럼 평가하는 일.
과유불급 [過猶不及] 정도가 지나치면 도리어 안한 것만 못함.
관포지교 [管鮑之交] 아주 친한 친구 사이의 사귐.
교언영색 [巧言令色] 아첨하는 말과 알랑거리는 태도.
구곡간장 [九曲肝腸] 굽이굽이 구부러진 간과 창자. 즉, 시름이 쌓인 마음속과 사무친 마음 속.
구밀복검 [口蜜腹劍] 입속에는 꿀이 있고 뱃속에는 칼이 있다는 뜻으로, 겉으로는 친한척하나 마음속으로는 해칠 생각이 있음.
구사일생 [九死一生] 죽을 고비를 겪고 여러 번 넘기고 간신히 살아남.
구우일모 [九牛一毛] 아홉 마리 소에 한 가닥의 털. 많은 것 중에 극히 적은 수를 말함.
구절양장 [九折羊腸] 아홉 번 꼬부라진 양의 창자. 즉, 꼬불꼬불한 험한 산길.

부록

군웅할거 [群雄割據] 여러 영웅이 한 지방씩 차지하고 제 마음대로 위세를 부림.
권모술수 [權謀術數] 목적 달성을 위하여 수단과 방법을 가리지 않고 쓰는 온갖 모략이나 술책.
권선징악 [勸善懲惡] 착한 일을 권장하고 악한 일을 벌함.
권토중래 [捲土重來] 한 번 실패하였으나 세력을 회복하여 다시 쳐들어옴.
근묵자흑 [近墨者黑] 먹을 가까이하면 검어지기 쉬움. 즉, 나쁜 사람과 가까이 지내면 그 행실을 배우기 쉬움.
금상첨화 [錦上添花] 비단 위에 꽃을 더함. 즉, 좋은 일 위에 또 좋은 일이 더하여짐.
금의야행 [錦衣夜行] 비단옷을 입고 밤길을 걸음. 즉, 생색이 나지 않는 아무 보람이 없는 일을 함.
금의환향 [錦衣還鄕] 비단옷을 입고 고향에 돌아온다는 뜻으로, 출세해서 고향에 돌아옴.
금지옥엽 [金枝玉葉] 임금의 자손. 또는 귀여운 자손을 이름.
난형난제 [難兄難弟] 두 사물이 서로 비슷하여 낫고 못함을 가리기 어려움의 비유.
남가일몽 [南柯一夢] 꿈과 같이 헛된 한때의 부귀영화.
남귤북지 [南橘北枳] 강남의 귤을 강북에 심으면 탱자가 된다는 뜻으로, 사람은 환경에 따라 착하게도 되고 악하게도 됨을 이름.
낭중지추 [囊中之錐] 주머니 속의 송곳. 즉, 재능이 뛰어난 사람은 숨어 있어도 자연히 알게 됨.
내우외환 [內憂外患] 나라 안팎의 근심걱정.
누란지세 [累卵之勢] 쌓아 놓은 알의 형세. 즉, 몹시 위태로운 형세를 비유.
눌언민행 [訥言敏行] 말은 느려도 행동은 빠름.
다다익선 [多多益善] 많으면 많을수록 좋음.
단기지계 [斷機之戒] 학문을 중도에서 그만두면 짜던 베의 날을 끊어버리는 것처럼 아무 쓸모가 없음.
당구풍월 [堂狗風月] 서당 개 삼년이면 풍월을 한다. 즉, 무식한 사람도 유식한 사람들과 오래 사귀면 자연히 할 줄 알게 됨.
단도직입 [單刀直入] 혼자서 칼 한 자루를 들고 적진으로 쳐들어간다는 뜻으로, 너절한 허두를 빼고 바로 요점이나 본문제를 곧바로 말함.
독서삼도 [讀書三到] 독서를 하는 세 가지 구도, 안도, 심도 방법. 입으로 잘 읽고 눈으로 잘 보고 마음 속에 깊이 새김.
동가홍상 [同價紅裳] 같은 값이면 다홍치마라는 뜻으로, 같은 값이면 좋은 것을 택함.
동문서답 [東問西答] 묻는 말에 엉뚱한 대답을 함.
동병상련 [同病相憐] 같은 처지에 있는 사람끼리 서로 가엾게 여김. 어려운 처지에 있는 사람끼리 서로 딱하게 여겨 동정하고 도움.
동분서주 [東奔西走] 동서로 뛴다는 뜻으로, 이리저리 바삐 돌아다님.
동상이몽 [同床異夢] 같은 잠자리에 다른 꿈을 꾼다는 뜻으로, 겉으로는 같이 행동하면서도 속으로는 각각 다른 생각을 함.
두문불출 [杜門不出] 집안에만 있고 바깥출입을 하지 않음.
등고자비 [登高自卑] 높은 곳에 오르려면 낮은 곳부터 시작한다는 뜻으로, 일은 순서대로 차례로 시작하여야 함을 이르는 말.
등하불명 [燈下不明] 등잔 밑이 어둡다는 뜻으로, 가까이 있는 것이 오히려 잘 모름.
등화가친 [燈火可親] 서늘한 가을 밤은 등불을 가까이 하여 글 읽기에 좋다는 뜻.
마이동풍 [馬耳東風] 말의 귀에 동풍 뜻으로, 남의 말을 귀담아듣지 아니하고 흘려 버림을 이르는 말.
막역지우 [莫逆之友] 서로 마음이 맞는 아주 친한 친구.

부록

맥수지탄 [麥秀之嘆] 나라의 멸망을 한탄함. 고국의 멸망을 한탄함을 이르는 말. 기자가 망한 은나라를 지나면서 보리가 무성함을 보고 한탄했다는 고사에서 유래.
명재경각 [命在頃刻] 목숨이 경각에 있음. 거의 죽게 되어 곧 숨이 끊어질 지경에 이름.
명약관화 [明若觀火] 불을 보듯 밝음. 더 말할 나위 없이 명백함.
무릉도원 [武陵桃源] 이 세상과 따로 떨어진 별천지.
무소부지 [無所不知] 모르는 것이 없이 모두 앎.
문경지교 [刎頸之交] 생사를 같이하는 매우 친한 사이.
문 외 한 [門外漢] 어떤 일에 직접 관계가 없는 사람. 그 일에 전문가 아닌 사람.
문전성시 [門前成市] 집에 찾아오는 사람이 많다.
목불식정 [目不識丁] '丁' 고무래자와 같은 쉬운 글자를 모른다는 뜻으로, 아주 까막눈임.
미생지신 [尾生之信] 융통성 없이 약속만을 굳게 지킴.
박이부정 [博而不精] 널리 알되 능숙하거나 정밀하지 못함.
발본색원 [拔本塞源] 폐단의 근원을 아주 뽑아서 없애버림.
백년대계 [百年大計] 먼 앞날까지 미리 내다보고 세우는 원대한 계획.
배수지진 [背水之陣] 물을 등지고 진을 친다는 뜻으로, 위태함을 무릎 쓰고 목숨을 걸고 싸움.
백의종군 [白衣從軍] 벼슬이 없는 사람이 싸움터에 나감.
백절불굴 [百折不屈] 어떠한 난관에도 굽히거나 굴하지 않음.
백척간두 [百尺竿頭] 높은 장대 끝에 오른 것과 같이, 몹시 위태로운 어려운 지경을 이름.
분골쇄신 [粉骨碎身] 뼈가 가루로 되도록 몸을 부순다는 뜻으로, 있는 힘을 다해 노력함.
분서갱유 [焚書坑儒] 책을 불태우고 선비를 생매장하여 죽인다는 뜻으로, 진시황이 학자들의 정치 비평을 금하기 위하여 경서를 태우고 460명의 학자들을 구덩이에 묻어 죽인일.
불구대천 [不俱戴天] 하늘 아래 같이 살 수 없다는 뜻으로, 함께 할 수 없는 큰 원한.
불문가지 [不問可知] 묻지 않아도 능히 옳고 그름을 알 수 있음.
불문곡직 [不問曲直] 옳고 그름을 따지지 아니함.
빙공영사 [憑公營私] 공적인 것을 빙자하여 사적 이득을 꾀함.
비육지탄 [髀肉之嘆] 재능을 발휘할 때를 얻지 못하여 헛되이 세월만 보내는 것을 한탄함.
사고무친 [四顧無親] 사방을 돌아보아도 친한 사람이 없다는 뜻으로, 의지할 만한 사람이 전혀 없음.
사면초가 [四面楚歌] 적에게 둘러싸여 고립된 상태. 즉, 곤란한 지경에 빠짐.
사상누각 [沙上樓閣] 모래 위에 지은 누각이라는 뜻으로, 기초가 약해서 오래 견디지 못함.
사필귀정 [事必歸正] 모든 일은 반드시 바른길로 돌아감.
사후약방문 [死後藥方文] 죽은 뒤에 약방문을 쓴다는 뜻으로 때를 잃으면 낭패를 봄.
산전수전 [山戰水戰] 산에서 물에서도 싸웠다는 뜻으로, 세상의 온갖 고생과 어려움을 다 겪어 경험이 많다는 뜻.
살신성인 [殺身成仁] 자기의 몸을 희생하여 인(仁)을 이룸. 즉, 목숨을 다하여 도리를 행함.
삼강오륜 [三綱五倫] 유교의 삼강과 오륜.
삼십육계 [三十六計] 도망가는 것이 상책.
삼인성호 [三人成虎] 세 사람이 짜면 거리에 범이 나왔다는 거짓말도 할 수 있다는 뜻으로, 근거 없는 말이라도 여러 사람이 말하면 곧이듣게 됨.
상가지구 [喪家之狗] 슬픔에 잠겨있는 초상집은 개에 관심이 없다는 뜻으로, 여위고 초라한 모습으로 이곳저곳 기웃거리며 얻어먹을 것만 찾아다니는 사람을 놀려서 하는 말.

부록

상궁지조 [傷弓之鳥] 한 번 화살에 상처 입은 새는 구부러진 나무만 보아도 놀란다는 뜻으로, 한 번 혼이 나면 항상 의심과 두려운 마음을 품음.
설상가상 [雪上加霜] 눈 위에 서리가 덮인다는 뜻으로, 불행한 일이 엎친데 겹침.
소탐대실 [小貪大失] 작은 것을 탐내다가 도리어 큰 것을 잃음.
속수무책 [束手無策] 손을 묶은 것처럼 어찌할 방책이 없이 꼼짝 못함.
송구영신 [送舊迎新] 묵은 해를 보내고 새해를 맞음.
수구초심 [首丘初心] 여우가 죽을 때에 자기가 살던 굴 쪽으로 머리를 둔다는 뜻으로, 근본을 잊지 않음 또는 죽어서라도 고향땅에 묻히고 싶어하는 마음.
수수방관 [袖手傍觀] 팔짱을 끼고 옆에서 보고만 있음. 즉, 아무런 간섭하지 않고 그대로 내버려둠.
수어지교 [水魚之交] 물이 없으면 물고기가 살수 없듯이 떨어질 수 없는 아주 친한 사이.
수주대토 [守株待兎] 그루터기를 지켜 토끼를 기다린다는 뜻으로, 고지식하고 융통성이 없는 어리석은 사람을 비유.
순망치한 [脣亡齒寒] 입술이 없으면 이가 시리다는 뜻으로, 이해관계가 밀접한 두사람 가운데 어느 한 사람이 망하면 다른 한사람도 따라서 위험하다는 뜻.
시위소찬 [尸位素餐] 직책을 다하지 못하면서 자리만 차지하고 녹만 받아먹음을 비유.
식자우환 [識字憂患] 학식이 있는 것이 오히려 근심을 사게 됨.
신상필벌 [信賞必罰] 상을 줄 만한 공이 있는 사람은 반드시 상을 주고, 벌을 줄만한 사람에게는 반드시 벌을 준다는 뜻으로, 상과 벌을 공정하고 엄중하게 하는 일.
신출귀몰 [神出鬼沒] 귀신이 자유자재로 출몰하여 그 변화를 쉽사리 헤아릴 수 없는 일.
심사숙고 [深思熟考] 깊이 생각하고 익히 고찰함. 신중을 기하여 곰곰이 생각함.
십년지기 [十年知己] 오래 전부터 사귀어 온 친구.
십맹일장 [十盲一杖] 열 소경에 한 개의 막대기라는 뜻으로, 어떤 사물이 여러 곳에 긴요하게 쓰임을 비유.
십목소시 [十目所視] 여러 사람이 다 같이 보고 있다는 뜻으로, 세상 사람을 속일 수 없음을 비유.
십시일반 [十匙一飯] 밥 열 술이 한 그릇이 된다는 뜻으로, 여러 사람이 조금씩 힘을 모으면 한 사람을 돕기는 쉬움을 비유.
아비규환 [阿鼻叫喚] 여러 사람이 심한 고통에 빠져 울부짖는 참상을 비유.
아전인수 [我田引水] 내 논에 물 대기. 즉, 자기에게만 이롭게 함.
안고수비 [眼高手卑] 눈은 높고 손은 낮음. 즉 이상만 높고 실력이 따르지 못함을 비유.
안하무인 [眼下無人] 눈 아래에 사람이 없음. 즉, 교만하여 남을 업신여김.
애인여기 [愛人如己] 자기 몸같이 남을 사랑함.
약방감초 [藥房甘草] 무슨 일이나 빠짐없이 끼임. 반드시 끼어야 할 필요한 사물.
양두구육 [羊頭狗肉] 양의 머리를 내세워 개고기를 판다는 뜻으로, 겉과 속이 서로 다름.
양상군자 [梁上君子] 들보 위의 군자. 즉, 도둑을 미화하여 점잖게 부르는 말.
양호유환 [養虎遺患] 범을 길러서 우환거리를 남긴다는 뜻으로, 화근이 될 것을 길러서 도리어 해를 입게 됨.
어두육미 [魚頭肉尾] 물고기는 머리가 맛이 있고 짐승고기는 꼬리가 맛이 있다는 말.
어부지리 [漁父之利] 두 사람이 이해관계로 서로 다투는 사이에 제삼자가 그 이익을 봄.
어불성설 [語不成說] 하는 말이 조금도 사리에 맞지 아니함. 즉, 말이 이치에 맞지 않음.
언어도단 [言語道斷] 말할 길이 끊어졌다는 뜻으로, 너무나 기가 막혀서, 말로 표현할 수가 없음. 말이 안 됨.

부록

언중유골 [言中有骨] 말 속에 뼈가 있음. 즉, 예사로운 말 속에 단단한 뼈와 같이 속뜻이 들어 있음.
언행일치 [言行一致] 말과 행동이 서로 일치함.
여리박빙 [如履薄氷] 살얼음을 밟는 것과 같음. 즉, 몹시 위험함.
역지사지 [易地思之] 처지를 바꾸어서 생각함.
연목구어 [緣木求魚] 나무에 올라가서 물고기를 구한다는 뜻으로, 되지 않는 일을 무리하게 하려 함.
영고성쇠 [榮枯盛衰] 사물의 번성함과 쇠함이 서로 뒤바뀜.
오리무중 [五里霧中] 오리에 걸쳐있는 짙은 안개 속에 있다는 뜻으로, 무슨 일에 대하여 알 길이 없음.
오매불망 [寤寐不忘] 자나 깨나 잊지 못함.
오비삼척 [吾鼻三尺] 내 코가 석자. 즉, 내사정이 급하여 남을 도울 여지가 없음.
오비이락 [烏飛梨落] 까마귀 날자 배 떨어진다. 즉, 양자 간에 차이는 있으나 본질적으로는 같다는 뜻.
　　　　　　　　　아무관계도 없이 한 일이 공교롭게도 다른 일과 때가 일치해 혐의를 받게 됨을
　　　　　　　　　비유.
오십보백보 [五十步百步] 조금 낫고 못한 정도의 차이는 있으나 본질적으로는 차이가 없음.
우자일득 [愚者一得] 어리석은 자에게도 얻을 것이 있음.
유능제강 [柔能制剛] 약한 것이 오히려 강한 것을 제압할 수 있음 굳센 것을 이김.
유명무실 [有名無實] 이름만 있고 실상은 없음.
유방백세 [流芳百世] 꽃다운 이름이 후세 오래남음.
유아독존 [唯我獨尊] 세상에서 자기 이외에는 다른 사람은 없다는 뜻으로 독선적인 행동을 비유.
유유상종 [類類相從] 같은 무리끼리 서로 왕래하며 사귐.
음풍농월 [吟風弄月] 맑은 바람과 밝은 달을 보며 시를 읊고 즐겁게 놂.
이심전심 [以心傳心] 마음과 마음이 서로 뜻이 통함.
이율배반 [二律背反] 서로 모순되는 두 가지의 명제가 동등의 권리를 가지고 주장되는 일.
인사유명 [人死有名] 사람은 죽어서 이름을 남긴다는 뜻으로, 좋은 일을 많이 하면 죽어서도 이름을 남김
일각천금 [一刻千金] 극히 짧은 시간도 귀중하기가 천금과 같다는 뜻.
일망타진 [一網打盡] 한 번 그물을 쳐서 많은 고기를 다 잡는다는 뜻으로, 한 번에 모조리 다 잡음을
　　　　　　　　　이르는 말.
일맥상통 [一脈相通] 처지, 방식, 상태 따위가 한 가지로 서로 통함.
일소백미 [一笑百美] 한 번 웃으면 백 가지 애교가 생김.
일어탁수 [一魚濁水] 한 마리의 물고기가 물을 흐린다는 뜻으로, 한 사람의 잘못으로 여러 사람이 그
　　　　　　　　　피해를 받게 됨을 비유.
일언지하 [一言之下] 한 마디의 말로 끊음이란 뜻으로, 한 마디로 딱 잘라 말함.
일일삼추 [一日三秋] 하루가 삼년 같다는 뜻으로, 즉 몹시 간절하게 애태우며 기다림.
일조일석 [一朝一夕] 하루아침과 하루저녁이란 뜻으로, 짧은 시간을 말함.
일촉즉발 [一觸卽發] 한 번 닿기만 해도 곧 폭발한다는 뜻으로, 몹시 위급하고 아슬아슬한 상태를 말함
일취월장 [日就月將] 나날이 다달이 발전함. 계속 발전해감.
일필휘지 [一筆揮之] 글씨를 단숨에 죽 내리 씀. 한숨에 글씨나 그림을 줄기차게 쓰거나 그림.
일확천금 [一攫千金] 단번에 내려쓴다는 뜻으로, 노력 없이 많은 재물을 얻음.
임갈굴정 [臨渴掘井] 목이 말라야 우물을 판다는 뜻으로, 준비 없이 있다가 일이 급해서야 허둥지둥 서
　　　　　　　　　두름.
임기응변 [臨機應變] 그때그때에 따라 그 자리에서 결정하거나 처리함.
임전무퇴 [臨戰無退] 전쟁에 임하여 물러서지 않음.

부록

자가당착 [自家撞着] 자기가 한 말이나 행동의 앞뒤가 모순됨.
자승자박 [自繩自縛] 자기가 만든 줄로 자기 몸을 옭아 묶는다는 뜻으로, 자기의 언행으로 인하여 자신을 꼼짝 못하게 되는 일
자화자찬 [自畵自讚] 자기가 그린 그림을 스스로 칭찬한다는 뜻으로, 자기가 한 일을 스스로 자랑함.
작사도방 [作舍道傍] 길가에 집짓기. 즉, 사람들의 의견이 많아 쉽게 결정하지 못함.
작심삼일 [作心三日] 굳게 먹은 마음이 사흘을 가지 못한다는 뜻으로, 결심이 굳지 못함.
장삼이사 [張三李四] 장씨의 셋째 아들과 이씨의 넷째 아들이라는 뜻으로, 특별하지 아니한 평범한 사람.
적반하장 [賊反荷杖] 도둑이 도리어 매를 든다는 뜻으로, 잘못한 사람이 도리어 트집을 잡음.
전광석화 [電光石火] 번갯불이나 부싯돌의 불. 극히 짧은 시간. 재빠른 동작.
전전긍긍 [戰戰兢兢] 매우 두려워하여 벌벌 떨며 조심함.
전정만리 [前程萬里] 앞길이 만 리나 멈. 나이가 젊어 장래가 유망함.
정문일침 [頂門一鍼] 정수리에 놓는 침으로, 따끔한 충고나 교훈.
조강지처 [糟糠之妻] 지게미와 쌀겨로 끼니를 같이 먹는 아내라는 뜻으로, 고생을 함께 한 아내.
조령모개 [朝令暮改] 아침에 내린 명령이 저녁에 고친다는 뜻으로, 법령을 자꾸 고쳐서 종잡을 수 없음.
조삼모사 [朝三暮四] 간사한 속임수로 남을 희롱함.
조족지혈 [鳥足之血] 새 발의 피. 보잘 것 없는 극히 적은 분량.
주객전도 [主客顚倒] 주인과 손이 뒤바뀜. 앞뒤의 입장이 서로 뒤바뀜.
주경야독 [晝耕夜讀] 낮에는 농사짓고, 밤에는 책을 읽는다는 뜻으로, 어려운 여건 속에서도 열심히 공부함.
주마가편 [走馬加鞭] 달리는 말에 채찍질함. 잘하는 사람에게 더 잘하도록 격려함.
주마간산 [走馬看山] 달리는 말 위해서 산천구경을 함. 자세히 살펴보지 않고 대강대강 보고 지나감.
죽마고우 [竹馬故友] 죽마를 타고 놀던 벗. 어릴 때부터 함께 지낸 벗.
중구난방 [衆口難防] 여러 사람의 입을 막기 어렵다. 즉, 뭇사람의 말을 이루 다 막기는 어려움.
지록위마 [指鹿爲馬] 윗사람을 농락하여 권세를 마음대로 함.
지리멸렬 [支離滅裂] 체계가 없어 이리저리 흩어지고 갈피를 잡을 수 없음.
진퇴양난 [進退兩難] 이러지도 저러지도 못하는 어려운 처지. 난감하고 궁지에 빠짐.
창해일속 [滄海一粟] 넓고 큰 바다 속의 한 알의 좁쌀. 넓고 큰 것 가운데에 있는 아주 작은 것.
천방지축 [天方地軸] 어리석은 사람이 종작없이 덤벙되는 모습. 매우 바빠서 허둥거리는 모습.
천석고황 [泉石膏肓] 고질병이 되다시피 산수풍경을 좋아하는 것.
천양지판 [天壤之判] 하늘과 땅의 차이. 즉, 엄청난 차이.
천재일우 [千載一遇] 천 년에 한 번 만남. 즉, 좀처럼 만나기 어려운 좋은 기회.
천진난만 [天眞爛漫] 거짓이나 꾸밈이 없는 순진하고 참됨.
초록동색 [草綠同色] 풀빛과 녹색은 같은 빛깔. 같은 처지의 사람과 함께 어울림.
촌철살인 [寸鐵殺人] 작은 쇠붙이로도 사람을 죽일 수 있음. 간단한 말로도 남을 감동시키거나 남의 약점을 찌를 수 있음.
추풍낙엽 [秋風落葉] 가을바람에 흩어져 떨어지는 나뭇잎. 세력이나 형세 따위가 갑자기 기울거나 시듦.
파죽지세 [破竹之勢] 대를 쪼개는 기세라는 뜻으로, 거침없이 적을 물리치고 쳐들어가는 기세.
풍비박산 [風飛雹散] 사방으로 날아 흩어짐.
풍수지탄 [風樹之嘆] 효도를 다하지 못하고 어버이를 여읜 자식의 슬픔을 이르는 말.
풍전등화 [風前燈火] 바람 앞의 등불. 매우 위급한 처지에 놓여 있음.
필부필부 [匹夫匹婦] 평범한 남녀.

부록

학수고대 [鶴首苦待] 학의 목처럼 목을 길게 늘여 기다림. 몹시 기다림.
한강투석 [漢江投石] 한강에 돌 던지기. 아무리 애를 써도 보람이 없음을 이르는 말.
한단지몽 [邯鄲之夢] 인생의 부귀영화가의 덧없음.
한단지보 [邯鄲之步] 자기 본분을 버리고 남을 흉내되면 모두 실패함.
허심탄회 [虛心坦懷] 마음을 비우고 숨김없이 품은 생각을 터놓고 말함.
형설지공 [螢雪之功] 고생을 하면서 힘써 부지런히 공부하여 이룬 공.
호가호위 [狐假虎威] 여우가 범의 위세를 빌려 호기를 부린다는 뜻으로, 남의 권세를 빌려 위세를 부림.
호시탐탐 [虎視耽耽] 범이 눈을 부릅뜨고 먹이를 노려봄. 기회만 엿봄.
호연지기 [浩然之氣] 하늘과 땅 사이에 넘치게 가득 찬 넓고 큰 원기. 공명정대하여 조금도 부끄럼 없는 도덕적 용기.
혹세무민 [惑世誣民] 세상 사람을 미혹시키고 속임.
혼정신성 [昏定晨省] 저녁에는 잠자리를 보고, 아침에는 살핀다는 뜻으로, 부모를 잘 섬기고 효성을 다함.
후생가외 [後生可畏] 젊은 사람은 장차 큰일을 할 수 있음. 즉, 가히 두려워 할 만하다는 말.
화룡점정 [畵龍點睛] 용을 그려 놓고 마지막에 눈을 그려 놓음. 즉, 가장 중요한 부분을 완성시킴.
화중지병 [畵中之餠] 그림의 떡. 즉, 아무리 좋아도 이용하거나 얻을 수 없음.
황당무계 [荒唐無稽] 말이 근거나 터무니없고 허황함.
횡설수설 [橫說竪說] 말이 두서가 없이 아무렇게나 지껄임.

부록

정자(해서체)한자 기본연습

▶ 정자(해서체) 한자의 기본점과 획을 보고 한자노트에 바르게 써 보시기 바랍니다.

基本點과 畫 (楷書基本運筆法) 글씨쓰기전 연습할것

千	足	道	代	田	六	耳	永
乃	區	点	氣	衣	半	合	書
寸	子	水	口	反	元	冠	中
洙	信	王	女	國	形	菊	史
奚	獨	雨	小禁	快	行	扶	植
文	明	通	建	詩	答	茶	福
煥	姓	結	老	慶	志	刀	部

부록

숫자 교정연습

▶ 숫자를 숫자교정선틀에 바르게 써 봅시다.

[보기] 1 2 3 4 5 6 7 8 9 0

부록

숫자 교정연습

▶ 숫자를 숫자교정선틀에 바르게 써 봅시다.

[보기] 1 2 3 4 5 6 7 8 9 0

부록

숫자 교정연습

▶ 숫자를 숫자교정선틀에 바르게 써 봅시다.

[보기] 1 2 3 4 5 6 7 8 9 0

숫자 교정연습

▶ 숫자를 숫자교정선틀에 바르게 써 봅시다.

[보기] 1 2 3 4 5 6 7 8 9 0

부록

숫자 교정연습

▶ 숫자를 숫자교정선틀에 바르게 써 봅시다.

[보기] 1 2 3 4 5 6 7 8 9 0

부록

숫자 교정연습

▶ 숫자를 숫자교정선틀에 바르게 써 봅시다.

[보기] 1 2 3 4 5 6 7 8 9 0 1 2 3 4 5 6 7 8 9 0

숫자 교정연습

▶ 숫자를 숫자교정선틀에 바르게 써 봅시다.

[보기] 1234567890 1234567890

부록

숫자 교정연습

▶ 숫자를 숫자교정선틀에 바르게 써 봅시다.

[보기] 1234567890123456 7890

부록

숫자 교정연습

▶ 숫자를 숫자교정선틀에 바르게 써 봅시다.

[보기] 1 2 3 4 5 6 7 8 9 0 1 2 3 4 5 6 7 8 9 0

부록

숫자 교정연습

▶ 숫자를 숫자교정선틀에 바르게 써 봅시다.

[보기] 1234567890 1234567890

부록

숫자 교정연습

▶ 숫자를 숫자교정선틀에 바르게 써 봅시다.

[보기] 1234567890 1234567890

부록

숫자 교정연습

▶ 숫자를 숫자교정선틀에 바르게 써 봅시다.

[보기] 1234567890123456 7890

부록

숫자 교정연습

▶ 숫자를 숫자교정선틀에 바르게 써 봅시다.

[보기] 1234567890123456 7890

부록

숫자 교정연습

▶ 숫자를 숫자교정선틀에 바르게 써 봅시다.

[보기] 1234567890123456 7890

부록 한자쓰기연습장

교정시간 | 10분 | 15분 | 20분 | 기타 　 분

▶ 한자교정선틀에서 바르게 써 봅시다.

▶ 한자교정선틀에서 바르게 써 봅시다.

부록 한자쓰기연습장

교정시간 | 10분 | 15분 | 20분 | 기타 분

▶ 한자교정선틀에서 바르게 써 봅시다.

부록 한자쓰기연습장

교정시간 | 10분 | 15분 | 20분 | 기타 분

▶ 한자교정선틀에서 바르게 써 봅시다.

▶ 한자교정선틀에서 바르게 써 봅시다.

부록 한자쓰기연습장

교정시간 | 10분 | 15분 | 20분 | 기타 분

▶ 한자교정선틀에서 바르게 써 봅시다.

155

부록 한자쓰기연습장

교정시간 | 10분 | 15분 | 20분 | 기타   분

▶ 한자교정선틀에서 바르게 써 봅시다.

부록 한자쓰기연습장

교정시간 | 10분 | 15분 | 20분 | 기타   분

▶ 한자교정선틀에서 바르게 써 봅시다.

▶ 한자교정선틀에서 바르게 써 봅시다.

부록 한자쓰기연습장   최재만의 특허 한자쓰기교정의 정석

교정시간 | 10분 | 15분 | 20분 | 기타   분

▶ 한자교정선틀에서 바르게 써 봅시다.

부록 한자쓰기연습장

교정시간 | 10분 | 15분 | 20분 | 기타 분

▶ 한자교정선틀에서 바르게 써 봅시다.

▶ 한자교정선틀에서 바르게 써 봅시다.

부록 — 한자쓰기연습장

최재만의 특허 한자쓰기교정의 정석

교정시간 | 10분 | 15분 | 20분 | 기타　분

▶ 한자교정선틀에서 바르게 써 봅시다.

부록 한자쓰기연습장

교정시간 | 10분 | 15분 | 20분 | 기타 분

▶ 한자교정선틀에서 바르게 써 봅시다.

▶ 한자교정선틀에서 바르게 써 봅시다.

부록 한자쓰기연습장

교정시간 | 10분 | 15분 | 20분 | 기타 분

▶ 한자교정선틀에서 바르게 써 봅시다.

 한자쓰기연습장

교정시간 | 10분 | 15분 | 20분 | 기타 분

▶ 한자교정선틀에서 바르게 써 봅시다.

부록 한자쓰기연습장

교정시간 | 10분 | 15분 | 20분 | 기타 분

▶ 한자교정선틀에서 바르게 써 봅시다.

부록 — 한자쓰기연습장

교정시간 | 10분 | 15분 | 20분 | 기타   분

▶ 한자교정선틀에서 바르게 써 봅시다.

부록 — 한자쓰기연습장

교정시간 10분 15분 20분 기타 분

▶ 한자교정선틀에서 바르게 써 봅시다.

부록 한자쓰기연습장

교정시간 | 10분 | 15분 | 20분 | 기타 분

▶ 한자교정선틀에서 바르게 써 봅시다.

▶ 한자교정선틀에서 바르게 써 봅시다.

부록 한자쓰기연습장

교정시간 | 10분 | 15분 | 20분 | 기타 분

▶ 한자교정선틀에서 바르게 써 봅시다.

▶ 한자교정선틀에서 바르게 써 봅시다.

부록 한자쓰기연습장

교정시간 | 10분 | 15분 | 20분 | 기타   분

▶ 한자교정선틀에서 바르게 써 봅시다.

부록 한자쓰기연습장

교정시간 | 10분 | 15분 | 20분 | 기타   분

▶ 한자교정선틀에서 바르게 써 봅시다.

▶ 한자교정선틀에서 바르게 써 봅시다.

| 부록 | 한자쓰기연습장 | 최재말의 특허 한자쓰기교정의 정석 |

교정시간 | 10분 | 15분 | 20분 | 기타 | 분

▶ 한자교정선틀에서 바르게 써 봅시다.

▶ 한자교정선틀에서 바르게 써 봅시다.

부록 — 한자쓰기연습장

최재필의 특허 한자쓰기교정의 정석

교정시간 | 10분 | 15분 | 20분 | 기타   분

▶ 한자교정선틀에서 바르게 써 봅시다.

부록 한자쓰기연습장

교정시간 | 10분 | 15분 | 20분 | 기타   분

▶ 한자교정선틀에서 바르게 써 봅시다.

▶ 한자교정선틀에서 바르게 써 봅시다.

부록 한자쓰기연습장

교정시간 | 10분 | 15분 | 20분 | 기타   분

▶ 한자교정틀에서 바르게 써 봅시다.

부록 한자쓰기연습장

교정시간 | 10분 | 15분 | 20분 | 기타   분

▶ 한자교정선틀에서 바르게 써 봅시다.

▶ 한자교정선틀에서 바르게 써 봅시다.

부록 한자쓰기연습장

교정시간 | 10분 | 15분 | 20분 | 기타 분

▶ 한자교정선틀에서 바르게 써 봅시다.

부록 한자쓰기연습장

| 교정시간 | 10분 | 15분 | 20분 | 기타 | 분 |

▶ 한자교정선틀에서 바르게 써 봅시다.

부록 — 한자쓰기연습장

최재만의 특허 한자쓰기교정의 정석

교정시간 | 10분 | 15분 | 20분 | 기타   분

▶ 한자교정선틀에서 바르게 써 봅시다.

부록 한자쓰기연습장

교정시간 | 10분 | 15분 | 20분 | 기타 분

▶ 한자교정선틀에서 바르게 써 봅시다.

부록 한자쓰기연습장

▶ 한자교정선틀에서 바르게 써 봅시다.

교정시간 | 10분 | 15분 | 20분 | 기타   분

▶ 한자교정선틀에서 바르게 써 봅시다.

부록 한자쓰기연습장

교정시간 | 10분 | 15분 | 20분 | 기타 분

▶ 한자교정선틀에서 바르게 써 봅시다.

부록 — 한자쓰기연습장

최재맘의 특허 한자쓰기교정의 정석

교정시간 | 10분 | 15분 | 20분 | 기타 　분

▶ 한자교정선틀에서 바르게 써 봅시다.

부록 한자쓰기연습장

최재만의 특허 한자쓰기교정의 정석

교정시간 | 10분 | 15분 | 20분 | 기타 분

▶ 한자교정선틀에서 바르게 써 봅시다.

▶ 한자교정선틀에서 바르게 써 봅시다.

부록 한자쓰기연습장

▶ 한자교정선틀에서 바르게 써 봅시다.

교정시간 | 10분 | 15분 | 20분 | 기타 분

부록 한자쓰기연습장

교정시간 | 10분 | 15분 | 20분 | 기타 분

▶ 한자교정선틀에서 바르게 써 봅시다.

▶ 한자교정선틀에서 바르게 써 봅시다.

부록 한자쓰기연습장

교정시간 | 10분 | 15분 | 20분 | 기타   분

▶ 한자교정선틀에서 바르게 써 봅시다.

부록 한자쓰기연습장

교정시간 | 10분 | 15분 | 20분 | 기타 분

▶ 한자교정선틀에서 바르게 써 봅시다.

187

부록 한자쓰기연습장

교정시간 | 10분 | 15분 | 20분 | 기타 　 분

▶ 한자교정선틀에서 바르게 써 봅시다.

부록 한자쓰기연습장

교정시간 | 10분 | 15분 | 20분 | 기타 분

▶ 한자교정선틀에서 바르게 써 봅시다.

▶ 한자교정선틀에서 바르게 써 봅시다.

부록 한자쓰기연습장

교정시간 | 10분 | 15분 | 20분 | 기타   분

▶ 한자교정선틀에서 바르게 써 봅시다.

부록 한자쓰기연습장

교정시간 | 10분 | 15분 | 20분 | 기타 　분

▶ 한자교정선틀에서 바르게 써 봅시다.

부록 한자쓰기연습장

교정시간 | 10분 | 15분 | 20분 | 기타 분

▶ 한자교정선틀에서 바르게 써 봅시다.

부록 — 한자쓰기연습장

교정시간 | 10분 | 15분 | 20분 | 기타   분

▶ 한자교정선틀에서 바르게 써 봅시다.

부록 — 한자쓰기연습장

교정시간 | 10분 | 15분 | 20분 | 기타   분

▶ 한자교정선틀에서 바르게 써 봅시다.

부록 한자쓰기연습장

교정시간 | 10분 | 15분 | 20분 | 기타 분

▶ 한자교정선틀에서 바르게 써 봅시다.

부록 한자쓰기연습장

교정시간 | 10분 | 15분 | 20분 | 기타 　분

▶ 한자교정선틀에서 바르게 써 봅시다.

부록 한자쓰기연습장

교정시간 | 10분 | 15분 | 20분 | 기타   분

▶ 한자교정선틀에서 바르게 써 봅시다.

▶ 한자교정선틀에서 바르게 써 봅시다.

부록 한자쓰기연습장

교정시간 | 10분 | 15분 | 20분 | 기타   분

▶ 한자교정선틀에서 바르게 써 봅시다.

198

보내는 사람

이름 :

주소 :

□□□-□□□

우표

받는 사람

경기도 용인시 수지구 죽전동 새터마을 죽전힐스테이트 713-104
대표전화 : (031) 898-0079
최재만의 악필글씨교정노트

바른글씨

4 4 8 - 9 7 1

〈접는선〉

한자쓰기교정의정석 사용후기

이름	나이	대상	전화번호	이메일
(남·여)	세	□초 □중 □고 □성인 상세히: 학년		

■ 한자쓰기교정의 정석 사용 후 느낀 점을 적어 주십시오.

〈접는선〉   〈접는선〉

20   년 월 일

작성해 주셔서 감사합니다. 보내주신 내용은 바른글씨의 귀중한 마케팅 자료로 활용하겠습니다.